现代档案管理理论与实践探索

卢月明 卢寒 史江虹◎著

中国出版集团

中译出版社

图书在版编目（CIP）数据

现代档案管理理论与实践探索 / 卢月明，卢寒，史江虹著. -- 北京：中译出版社，2024.1
ISBN 978-7-5001-7724-1

Ⅰ.①现… Ⅱ.①卢… ②卢… ③史… Ⅲ.①档案管理—研究 Ⅳ.①G271

中国国家版本馆CIP数据核字（2024）第034099号

现代档案管理理论与实践探索
XIANDAI DANG' AN GUANLI LILUN YU SHIJIAN TANSUO

著　　者：卢月明　卢　寒　史江虹
策划编辑：于　宇
责任编辑：于　宇
文字编辑：田玉肖
营销编辑：马　萱　钟筏童
出版发行：中译出版社
地　　址：北京市西城区新街口外大街 28 号 102 号楼 4 层
电　　话：（010）68002494（编辑部）
邮　　编：100088
电子邮箱：book@ctph.com.cn
网　　址：http://www.ctph.com.cn

印　　刷：北京四海锦诚印刷技术有限公司
经　　销：新华书店
规　　格：787 mm×1092 mm　1/16
印　　张：12.25
字　　数：242 千字
版　　次：2024 年 1 月第 1 版
印　　次：2024 年 1 月第 1 次印刷

ISBN 978-7-5001-7724-1　　　定价：68.00 元

前　言

　　档案管理就其基本性质和主要作用来说，是一项管理性的工作，服务性的工作，政治性的工作。档案管理系统不是孤立的，而是各项社会管理系统中不可缺少的组成部分。通过提供档案信息为社会实践服务，是档案管理工作区别于其他工作的特点之一。进行档案管理工作，要遵循集中统一管理，维护档案的完整与安全，便于利用的原则。档案是历史的见证，都反映一定的历史事实，不允许任意篡改或修正，所以维护档案的真实性，保持档案的原貌，也是档案管理工作必须遵循的原则之一。目前，社会对档案需求的满足程度主要取决于档案管理水平的不断提高。因此，档案管理工作要实现新的发展必须依靠创新理念，进一步提高管理水平，应用科学手段达到资源利用的高效率和组织目标的高效率的高度统一。档案管理工作者要主动学习世界先进的管理思想和方法，学习先进的技术设备的操作，并将其与档案管理工作很好融合。在这样的努力之下，档案管理工作必将有效利用更多有价值的档案信息资源，为读者提供高质量、高水平的服务，实现档案工作的科学化、规范化与现代化。

　　本书主要研究现代档案管理理论与实践探索，本书从现代档案管理基础理论介绍入手，针对档案管理的工作内容进行了分析研究，包含档案的收集与整理、档案的鉴定与保管、档案的检索与统计等；另外对档案信息化管理、档案信息管理的创新实践做了一定的介绍；还对现代档案管理工作实践，进行了分析研究；目的是让档案工作者以及关注档案事业发展有志之士更多地了解现代档案管理，认识档案管理理论的思路和方法，促进档案管理理论的发展和完善，推动现代档案工作的规范化和档案管理的科学化。

　　在本书写作的过程中，参考了许多参考资料以及其他学者的相关研究成果，在此表示由衷的感谢。鉴于时间较为仓促，水平有限，书中难免出现一些谬误之处，因此恳请广大读者、专家学者能够予以谅解并及时进行指正，以便后续对本书做进一步的修改与完善。

目　录

第一章 现代档案管理基础理论

第一节 档案管理概述

一、档案与档案工作

(一) 档案含义

根据《中华人民共和国档案法》及档案工作者的长期实践经验、档案界对档案定义的多次讨论，综合各方面的意见，对档案的定义表述如下：

档案是国家机关、社会组织和个人从事政治、军事、经济、科学、技术、文化、宗教等活动直接形成的对国家和社会有保存价值的各种文字、图表、声像等不同形式的历史记录。

这一定义的基本含义有以下几点。

1. 档案来源的广泛性

档案是各机关、社会组织和个人在其自身活动中形成的。档案的形成者大致可以概括为三种类型：一是官方性质的各种机关；二是半官方或非官方的各种社会组织（社会团体、宗教、公司等）；三是一定的个人（著名人物、著名家庭和家族）。这三种类型的形成者，既包括法律意义上的法人，也包括自然人。

档案又是来源于形成者特定的实践活动。国家机关、社会组织和个人，在其实践活动中，为了相互交往、上传下达和记录事情，必然产生和使用许多文件。日后经过整理保存起来，就成为档案。丰富的社会实践活动决定了档案来源和内容的广泛性，一定来源和内容的档案又具有内在的联系性。

2. 档案是由文件材料有条件地转化而来的

档案和文件既有密切联系，又有区别。档案的前身——各种文件材料是由一定的国家机关、社会组织或个人为了现实处理事务的需要而产生的，有些日后还需查考，因此被有意识有目的地保存下来，转化成了档案。"档案是处理事务的有意识的材料"，但不是一切文件都无条件地转化为档案，文件转化为档案一般要具备三个条件。

第一，办理完毕的文件才能作为档案保存，正在承办中的文件不是档案。文件是档案的前身，档案是文件的归宿。文件具有现行效用，一般来说，档案是完成传达和记述等现行使命后而备留查考的文件。所谓办理完毕是相对而言的，主要是指完成了文书处理程序，不能理解为一切文件都要把文中所说的事情全部办完才算"办理完毕"，而是指文件的承办告一段落。日常工作中，有三种情况，一是文件中所说的事情需要近期办理的，很快就办理完毕。第二种是文件中所指的事情需要较长时间才能办完或者需要长期执行的，只要文件经过签收、传阅、研究讨论和贯彻之后，也算办理完毕。第三种是不需要具体承办的文件，只要收发、圈阅等文书处理手续结束，就算办理完毕。还应指出，文件办理完毕或者转化为档案后，也并非完全失效。归档以后的文件，按其行政和法律效用来说，一部分是失效的，另一部分是仍然有效的。比如，宪法早已归档转化为档案了，但仍有法律效用。有的条约和契约合同，有效期是十年、几十年，虽然归档了，但仍然有效用。

第二，对日后实际工作和科学研究活动有一定查考利用价值的文件，才有必要作为档案保存。工作中形成的文件不能都作为档案保存，只有日后有查考价值的，才能保存下来转化为档案。档案是经过人们鉴别挑选保留下来的文件材料。文件是形成档案的基础，档案是文件的精华，文件概不归档是不对的，"有文必档"也是不必要的。

第三，按照一定的规律集中保存起来，才能最后成为档案。以现代的一般档案来说，它是经过归档集中保存起来的文件。文件是档案的因素，档案是文件的组合。

明确认识文件转化为档案的条件，就可以弄清档案与文件的区别和联系，就会懂得档案的客观形成规律，有助于学会怎样完整地收集档案、怎样科学地鉴定档案的保存价值，自觉地做好档案工作。

3. 档案的形式是多种多样的

任何档案都以一定的物质形式存在和运动，长期的社会实践使档案的形式不断发展和变化，丰富多彩。①从载体材料上看，有龟甲兽骨、竹片木板、丝织缣帛、纸张、磁带、磁盘、光盘、胶片；②从信息记录在载体上的方法上看，有手写、刀刻、印刷、晒制、摄影、录音、录像等；③从表达方式上看，可归纳为文字、图像、声音。档案的范围十分广泛，既包括党政机关的公务文件，也包括技术图纸、会计凭证、科学材料、影片、照片、录音带、录像带等。由于科学技术的发展，档案的形式还会更加丰富多彩。

4. 档案的本质属性

档案是人们社会活动的原始记录，原始记录性档案是最本质的属性。主要表现在档案是形成者在自身的职能活动中形成的各种文件材料转化来的，不是事后另行编写和随意收集的间接材料。它具有记录和反映机关、组织和著名人物活动的原始性材料，是历史的真迹和凭证，有着重要的查考使用价值。这也是档案区别于图书资料的主要特点之一。因此，作为档案保存的文件，大多是原本、原稿，而且往往只有一份，这又是档案宝贵的重要原因之一。

了解档案的定义及其含义，可以帮助我们认识档案的特点，弄清什么是档案，明确档案的本质属性和范围，掌握档案的一般形成规律，从而科学地管理档案，维护历史真迹，充分发挥档案在工作中的作用。

（二）档案工作

1. 档案工作的性质

档案工作是什么性质的工作，这对档案工作者来说是一个重要的问题，为了做好档案工作，必须了解档案工作的性质。因此，我们应该从档案工作自身的特点和档案工作同其他工作的关系中认识档案工作的性质和规律。

（1）档案工作是一项管理性的工作

什么叫管理？就是人们根据事物的客观规律、劳动对象和工作特点，运用计划、组织、指挥、协调、控制等基本活动，有效地利用人力和物力，并促进其相互配合，达到最佳的结合，发挥最高的效率，以顺利地达到人们预期的任务和目标。管理也就是"管辖""处理"的意思。凡是许多人在一起共同劳动，都必须有管理。档案工作的管理性表现为：

①档案工作是专门负责管理档案的一项专门业务

档案工作的任务就是在统一管理国家档案的原则下建立国家档案制度，科学地管理这些档案，以便于国家机关工作和科学研究工作的利用。这里讲的档案工作的任务，实际上就是管理任务。从宏观上讲，就是科学地管理好全国的档案，把档案信息资源开发出来，服务于社会主义现代化建设。从微观上讲，就是管理好一个单位的档案，为本单位各项工作服务。所以，档案工作确切地说是档案管理工作。

这种管理工作，有特定的工作对象和整套管理档案的原则和方法，不同于一般的人、财、物的管理工作。它是通过对档案的科学管理，发挥档案的作用，来为党和国家各项工作服务的专业工作。

②档案工作在一定的机关单位，是机关工作的组成部分

机关的档案工作，具有双重性质。一方面，它是国家档案事业的组成部分；另一方面，又是某种管理工作的组成部分。比如：会计档案，它是整个财会活动的记录和反映，是进行财务工作的工具和手段，是财务工作不可分割的组成部分，没有账簿、凭证、财务报表，财务机关是无法进行管理工作的。在科研和生产部门，科技档案则是生产管理、技术管理、科研管理的组成部分。一个科研机关没有各种科学实验的记录和各种科研文件材料，一个设计单位没有各种设计图纸，那就寸步难行，无法开展工作。所以，任何机关和部门，档案工作就是某种工作管理的组成部分。

③档案工作是专门管理档案的科学性工作

档案工作就是要"分理擘肌、鉴貌辨色；规圆矩方，依时顺序"地按照科学方法进行管理。采取一套科学的原则和技术方法，组织档案的集中，进行系统化和鉴别挑选，采取科学的保护措施，遵循档案和档案工作的客观规律进行科学管理。做到管理方法科学化、管理机构高效化、管理工作计划化、管理手段现代化，充分发挥档案的作用，满足社会利用档案的需要。因此，档案工作是一项科学性的管理工作。

档案工作的管理性，要求档案工作人员必须掌握档案学知识，特别是档案管理的理论、原则和方法，积极地学习档案管理现代化的知识与技能，以适应档案工作的开展。

（2）档案工作是一项服务性的工作

从档案工作同其他工作的关系来说，它属于一项服务性的工作。社会上的服务工作很多，其中文献资料服务工作也不止一种，而通过提供档案这种文献资料来为各项工作服务，是档案工作区别于其他工作的特点之一。

档案部门管理档案是为了满足社会主义事业对档案利用的社会需要。为人们了解情况、总结经验、研究问题、制定方针政策提供档案材料。它是通过收藏和提供档案材料这种特定的方式，为党和国家各项工作服务，为社会主义各项事业服务，属于资料后勤性的服务工作。档案工作同整个革命和建设的关系，是齿轮、螺丝钉同机器的关系。它既是党和国家所领导的革命和建设事业一个不可缺少的组成部分，又是从属于并服务于革命和建设事业的，只有这样认识，才能摆正档案工作同整个革命和建设的关系。社会主义档案事业的产生、建立是由社会主义革命和建设事业的需要所决定的，档案事业的发展规模和速度是受社会主义建设事业的规模和速度制约的。档案事业的开展，要服从革命和建设事业的需要并为其服务。总之，从档案工作和其他各项工作的关系来说，档案工作是一项服务性的工作。

档案工作的服务性，是档案工作赖以存在和发展的基础。在社会发展的各个阶段，档

案工作能为一定社会的经济、政治、文化服务，为各项工作提供档案材料，才能赖以存在和发展。如果档案工作不为他们服务，本身就不能存在，也谈不上发展。古今中外档案工作发展的历史，完全证明了这一点。中华人民共和国成立以来档案工作在为社会主义革命和建设服务的过程中，得到了空前的发展，便是有力的证明。有时也与此相反，在不能充分发挥档案工作应有服务作用的情况下，档案工作就会发生停滞和倒退的现象。国家的重视以及各行业的关心和支持，归根到底还是因为各行各业工作的开展，都离不开档案工作的服务。

分析档案工作的服务性，并不是贬低档案工作，而是说明这一专门业务的社会地位和作用，说明它是社会主义事业所不可缺少的工作。档案工作者了解档案工作的服务性，就要正确地认识自己的岗位，树立明确的服务思想，热爱档案工作，钻研档案业务，搞好档案工作，为社会主义革命和社会主义现代化建设服务，并在服务中求得档案工作本身的发展。

档案工作也是一项具有机要性质的工作。机要性是档案工作政治性的表现之一。档案工作的机要性是由档案内容的特点和国家利益所决定的。古今中外，任何国家的档案工作都有一定的保密要求。我们党和国家机关的档案，记载了党、政、军的领导活动以及经济、政治、军事、文化、科学研究等活动，其中有不少内容是机密的。所谓机密，概括地说，凡涉及党和国家的安全和利益，尚未公布或不准公布的政治、经济、军事和科学技术方面的重大事项，都是党和国家的机密。一切敌视社会主义的分子和其他破坏分子，国际上的反动势力，都在时刻窥探我国机密。他们不惜一切代价，使用各种卑劣手段，无孔不入地刺探和窃取重要机密材料，妄图阻碍我国社会主义现代化建设的进程，阻止中华民族的伟大复兴。随着科学技术的发展，各种现代化技术的采用，窃密与反窃密的斗争更为尖锐复杂，必须提高警惕。严守党和国家的机密，是关系到国家安危的大事，是巩固安定团结，保卫社会主义现代化建设的大事，也是档案工作的大事和必要的政治任务。每个档案工作人员都必须树立正确的保密观念，自觉维护党和国家机密。

档案工作是维护党和国家历史真实面貌的一项重大事业。档案是历史的记录和见证，是在历史发展过程中自然形成的，不是人们随意收集和制造的。历史怎样发展，档案就怎样记录，既不能擅自增加，也不能擅自削减。历史是不断发展的，人、事、物都将随着历史的推移而成为过去。后来人要研究和了解历史上的事情，就要查考历史记录，其中主要是靠档案。从这个意义上说，档案工作就是保存历史记录和人类记忆的一种工作。

维护历史真实面貌，是每个档案工作者肩负的一项光荣而又艰巨的任务。要实现这一任务，档案工作者应做好本职工作，把档案管理好，不丢失，不损坏，及时地把档案材料提供给使用者，用以维护历史真实面貌；利用档案来编史修志、印正历史、校正史实，使档案的作用充分发挥出来。档案工作者必须坚持辩证唯物主义和历史唯物主义，要同一切窃取、破坏档案，歪曲、篡改历史的人和事件做斗争。

2. 档案工作的主要特点

由于档案的原始记录性，使得档案管理区别于图书、资料等其他文献的管理工作，呈现出如下特点：

（1）档案资源积累的缓慢性

档案是随着人们实践活动的开展而逐步积累起来的，它不可能像图书资料那样大量印刷和广泛发行。档案大多是"孤本"，不能随意复制，尤其是历史档案，能够流传至今的很少。因此，档案资源的积累是比较缓慢的，档案与一般的图书资料相比，更显珍贵。这使档案的保管和保护受到高度重视，而无形中降低了它的利用率。

（2）档案管理过程的阶段性

档案管理在我国分为两个阶段：档案室阶段和档案馆阶段。处于不同阶段的档案具有不同的价值，档案的管理方式以及服务对象也由此有所不同。在档案室阶段，档案主要为其形成单位控制和使用，为本单位的日常工作提供凭证和参考，具有中间过渡性；在档案馆阶段，档案对其形成者的作用降低，而社会价值增加，进入永久保存期。档案馆阶段的档案管理工作不仅需要保管好档案，而且要积极提供档案为社会各界服务。

（3）档案管理活动对档案形成者的依附性

档案是在其形成者活动过程中产生的，反映了形成者的全部历史及其观点、经验和成果，包含了与其形成者利益密切相关的事实和数据。因此，档案与其形成者是密不可分的，其价值与它的形成者有密切联系。档案对形成者的依附性，使得档案难以像图书、资料那样广为传递和交流，这在某种程度上限制了档案管理活动的范围。

（4）档案管理工作对社会的相对封闭性

档案直接关系到其形成者的切身利益，并且有相当一部分档案涉及国家的政治、军事、经济与技术秘密。所以，档案自形成之日起，对外有相当长一段时间的封闭期，过了这段封闭期以后，才能有选择地向社会开放。档案管理的封闭性和图书资料所追求的时效性形成了鲜明的对比。档案管理的封闭性造成了档案保管和利用的矛盾，这种矛盾贯穿于档案管理的整个过程，并推动档案管理工作不断向前发展。

二、档案管理工作原则

(一) 统一领导、分级管理档案工作

统一领导、分级管理是我国档案工作的组织原则和管理体制。它的具体内容可以概括为以下几点。

1. 国家全部档案由各级、各类档案保管机构分别集中管理

档案是国家和社会的历史文化财富，是宝贵的信息资源，必须实行分级集中、统一管理。分级集中基本上是两种形式：一是以机关、团体、企业、事业单位内党、政、工、团组织和业务部门形成的档案，必须由机关档案室集中统一管理，不得分散保存，更不许任何人据为己有；二是机关、团体、企业、事业单位形成的需要长期保存的档案，必须定期移交给有关档案馆（室），由各级、各类档案馆（室）集中保管。一切档案都按规定和批准手续管理，不得任意转移和销毁。

在现阶段，我国的档案存在着属于国家、属于集体和属于个人三种所有权。除了国家所有的档案需要集中管理外，根据《中华人民共和国档案法》规定："集体所有的和个人所有的对国家和社会具有保存价值的或者应当保密的档案，档案所有者应当妥善保管。对于保管条件恶劣或者其他原因被认为可能导致档案严重损毁和不安全的，国家档案行政管理部门有权采取代为保管等确保档案完整和安全的措施；必要时，可以收购或者征购。"

2. 全国档案工作在各级人民政府领导下，由各级档案事业管理机关统一地分

所谓统一管理，就是在全国范围内进行统一的业务指导和监督。具体来说就是全国档案工作事务由国家档案局掌管，它根据党中央和国务院的指示和规定，对全国档案工作全面规划、统筹安排，提出档案工作的方针、任务，制定统一的档案管理的规章制度和办法，指导、监督和检查全国的档案工作。所谓分级负责，就是地方各级档案事业管理机构，按照全国的统一规定和要求，根据本地区党政领导机关的指示，提出本地区档案工作的规划和任务，制定具体的工作制度和办法，指导、监督和检查本地区的档案工作。所谓分专业负责，是指一些中央、国家机关有很强的专业性、行业性特点，这些机关的档案部门除做好本机关的档案工作外，还承担对本专业、本行业档案工作的监督和指导工作。对本专业、本行业的档案工作，制定有关的管理办法、规章以及业务标准和系统规范；制订规划和计划，召开档案工作会议，组织经验交流；组织并指导档案工作理论研究与交流以及对档案干部的培训等。

要对全国的档案工作统一地进行业务指导和监督，各级各系统的档案机构，都要按照统一规定的基本规章制度和基本办法进行档案管理工作，不得各行其是。在集中统一管理原则下，实行分级、分专业负责，相互配合。有利于发挥各级档案管理机关的积极性，有利于发挥专业主管机关的积极性，把"块块"和"条条"的作用都发挥出来，推动档案工作的迅速发展。条块结合的档案工作管理体制，具有中国特色，是国家档案工作网络内的基本结构形式。

3. 实行党政档案和党政档案工作统一管理

其具体内容是：一个机关党、政、工、团的档案，由机关档案室集中管理；各级党政机关形成的具有长远保存价值的档案，由中央档案馆和各级综合档案馆集中管理；党的系统、政府系统的档案工作由档案事业管理机关统一进行指导、监督和检查，制定统一的规章制度。

实行党政档案的统一管理，这是我国档案集中统一管理的特点。它的主要根据是，党是领导核心，党的机关和政府机关在工作活动中形成的档案有密不可分的联系，实行集中统一管理，便于收集和利用，同时也节省人力，符合精简原则。

（二）维护档案的完整与安全

这是对档案工作的基本要求，是各级档案部门的首要任务，档案工作的方针、任务、规章制度以及各项具体工作，都必须体现这一要求。只有保证档案的完整和安全，才能给档案工作提供必要的物质基础。

维护档案的完整，有两方面的含义：一方面，从数量上要保证档案的齐全，使应该集中和实际保存的档案不能残缺不全；另一方面，从质量上要维护档案的有机联系和历史真迹，不能人为地割裂分散，零乱堆砌，更不能涂改勾画，使档案失真。这两方面是互相联系、相辅相成的。档案材料数量齐全，才能保证档案的系统完整性。只有维护档案的有机联系，才能使档案数量齐全有科学根据。

维护档案的安全，也有两方面的含义。一方面从物质上力求档案不遭受损害，尽量延长档案的寿命。随着时间的推移，档案一直受自然和人为因素的影响，处在不断地损坏和毁灭的渐进性过程中，档案永远不受损坏是很难办到的，但使之"延年益寿"却是可能的。另一方面要保证档案的安全，档案机密不被盗窃、不丢失、不泄密。

维护档案的完整与安全，是互相联系的统一要求。维护档案的完整，才能有效地保证档案的安全。档案的散乱、丢失，会造成档案的损坏和不安全。只有维护档案的安全，才能确保档案的完整。维护档案的完整与安全，既关系到党和国家的利益，又关系到为子孙后代留存历史文化财富，这是档案工作者的责任和光荣的历史使命。

（三）便于社会各方面对档案的利用

这是档案工作的根本目的。社会主义国家的档案工作，最终是为了提供档案给社会主义事业各项工作利用。因此，便于社会各方面对档案的利用，是整个档案工作的基本出发点，支配着档案工作的全部过程，表现于档案工作的归宿。档案工作规章制度的建立，各个方面业务工作的开展，都是为了实现这一目的。整个档案工作的好坏，也主要应从是否便于利用去检验和衡量。从这个意义上说，便于社会各方面对档案的利用，是档案工作原则的一个重要方面。

上述三个方面的内容是辩证统一的。档案工作实行统一领导、分级管理，维护档案的完整与安全，都是为了便于社会各方面工作利用档案。要做到便于利用，必须实行统一领导、分级管理和保证档案的安全。从这个意义上说，前二者是手段，后者是目的。没有统一领导、分级管理和档案的完整、安全，就没有便于利用的组织保证和物质基础；离开了便于社会各方面的利用，前二者就失去了意义和方向。所以，我们必须完整地理解档案工作的基本原则，在整个档案工作中切实贯彻该项基本原则。

三、档案管理机构与职能

（一）档案室

档案室是机关、团体、企业、事业单位中负责管理本单位档案的机构，国家档案事业系统的基层组织。它是一个单位档案信息存储、加工和传输的服务部门，与本单位的领导和各组织机构发生联系，为领导决策、处理工作、组织生产、进行科研等活动提供依据和参考材料。档案室是集中统一管理本单位档案的部门，是单位内部具有信息服务与咨询性质的机构，一般情况下不对外开放。目前，一般的大、中型单位内部都设有档案室；而在那些规模小、人员少、内部机构少或无内部机构的单位，则可以指定专职或兼职的人员负责档案管理工作。

1. 档案室的职能

档案室的职能主要有以下几个方面：

（1）对本单位文书部门或业务部门文件材料的归档工作，进行指导和监督。

（2）负责管理本单位的全部档案，积极提供利用，为单位各项工作服务。

（3）按规定向档案馆移交应进馆的档案。

（4）办理领导交办的其他有关的档案业务工作。

2. 档案室的类型

单位的性质、职能不同，其形成的档案的门类也有一定的差异，由此，档案室有如下类型：

（1）文书档案室：也称为机关档案室，主要负责保管本单位党、政、工、团等组织的档案；中型以上的单位均设有这类档案室。

（2）科技档案室：是负责保管科研、设计、生产过程中形成的科技文件材料的档案机构；一般设在科研院所、设计院所、工矿企业等单位。

（3）音像档案室：主要负责保管影片、照片、录音带和录像带等特殊载体和记录方式的档案；新闻、广播、电视、电影、摄影部门中设有这类档案室。

（4）人事档案室：是集中保管单位员工档案的机构；一些大型单位在人事部门中设有这类档案室。

（5）综合档案室：是集中统一保管本单位各门类档案的机构。近年来，各单位新型门类档案的数量不断增加，使档案室收藏的档案向多门类发展，许多保存单一档案门类的档案室逐渐发展成为综合档案室。

（6）联合档案室（档案管理中心）：是一些性质相同或相近、规模较小的单位共同设立的档案管理机构；其主要职责是集中统一保管各共建单位形成的档案。联合档案室是一种精简的、集约化的档案管理模式，比较适于规模较小的单位。

3. 档案室的管理体制

（1）文书档案室、综合档案室通常设在单位办公厅（室）的下面，由办公厅（室）主任负责；联合档案室可以由共建单位协商，责成其中的某一个单位负责管理。

（2）科技档案室及其他专门档案室设在相关的业务部门下面，由业务负责人管理。比如：在一些公司，科技档案室设在技术部门下面，由总工程师负责，而人事档案室一般由人事部门的领导负责。

（二）档案馆

档案馆是党和国家设置的科学文化事业机构，是永久保管档案的基地和对外提供档案服务的单位，因此它成为社会各方面利用档案的中心。目前，我们国家各类档案馆的档案主要来源于单位的档案室，这样，档案室和档案馆之间就构成了交接档案的业务关系。由此，单位档案管理的质量将直接影响到档案馆的工作质量和效率。

1. 档案馆的职能

档案馆的基本任务是：在维护党和国家历史真实面貌的前提下，集中统一地管理党和国家的档案及有关资料，维护档案的完整与安全，积极提供利用，为社会主义现代化建设服务。其具体职能如下：

(1) 接收与征集档案。

(2) 科学地管理档案。

(3) 开展档案的利用工作。

(4) 编辑出版档案史料。

(5) 参与编修史、志的工作。

2. 档案馆的设置和类型

(1) 综合性档案馆：是国家按照历史时期或行政区划设立的，保管多种门类档案的档案馆。综合性档案馆是对社会开放的档案文化设施，因此又可称为"公共档案馆"。我们国家的综合性档案馆分为中央级档案馆和地方级档案馆两种类型。中央级档案馆包括中央档案馆（设在北京）、中国第一历史档案馆（设在北京）、中国第二历史档案馆（设在南京），它们保管着具有全国意义的各个时期的历史档案和现行单位的档案。地方级档案馆分为省（自治区、直辖市）级档案馆、地区级档案馆和县级档案馆，它们负责保管具有本地区意义的历史档案和现行单位的档案。

(2) 专门档案馆：是收集和管理某一专门领域或某种特殊载体形态档案的档案馆，亦分为中央级和地方级两个层次。例如：中国照片档案馆，大、中城市设置的城市建设档案馆等。

(3) 部门档案馆：是中央和地方某些专业主管部门所属的，收集管理本部门档案的事业机构。例如：外交部档案馆、北京市科学技术委员会档案馆等。

(4) 企事业单位档案馆：是一些大型企业集团或事业单位在内部设立的档案馆，主要负责集中保管集团或联合体所属各单位需要长远保存的档案。例如：北京的首都钢铁公司档案馆、南京的扬子石化公司档案馆、上海交通大学档案馆等。企事业单位档案馆都是综合性档案馆，既收藏文书档案，也收藏科技档案和专门档案等，其兼有对内服务和对社会开放的双重性质。

此外，随着我国经济和社会的发展，以及社会各界收藏、保管、利用档案需求的增加，近几年来，我国除了国家的档案馆之外，还产生了一些新型的档案机构，例如"文件中心""档案寄存中心""档案事务所"等。其中，文件中心是为一个地区或系统中若干单位提供归档后档案保管服务的部门；它是介于文件形成部门和地方档案馆之间的过渡性的档案管理机构。档案寄存中心是由国家档案馆设立的，为各类单位及个人提供档案寄存有偿服务的机构。档案事务所则是为单位或个人提供档案整理、管理咨询等服务的一种商业性机构。另外，据报道，在我国的辽宁省和广东省还出现了私人开设的档案馆，收藏和展出一些有关个人的日记、文章、著作，证件、证章，珍贵的历史文献和照片等。

（三）档案局（处、科）

档案局（处、科）的性质是国家指导和管理档案工作的行政机关，也称为档案事业管理机关或档案行政管理机关。它的主要任务是：制定档案管理的规章、办法、业务标准和规范；制定档案工作的发展规划；对档案室和档案馆的工作进行业务指导、监督和检查；组织档案工作人员的业务培训和档案科学研究，以及对外宣传工作和国际交流活动等。

目前，我国的档案局是按照行政区划分级设置的，分为国家档案局和地方档案局。地方档案局又分为省（自治区、直辖市）级档案局、地区级档案局和县级档案局，负责指导和管理本地区的档案事务。

档案处（科）是设置在专业主管机关中的档案行政管理部门，负责指导、监督和检查本专业系统内各单位的档案事务。比如，中国石油化工总公司档案处负责指导、监督和检查该系统下各单位的档案工作。应该说明的是：在专业主管机关中，档案处（科）通常与档案室合署办公，一方面对专业主管机关内部行使档案室的职能，另一方面对本系统其他单位的档案工作行使指导、监督和检查的职能。

第二节　档案管理理论基础

一、档案管理传统理论面临的机遇

在知识经济快速发展的今天，人们对档案资料的需求呈现出全方位、多元化、高效率的趋势，档案馆目前的单一馆藏结构、有限馆藏内容很难满足人们的这种需求。挑战与机遇并存，困难与发展同在；现代信息社会对档案管理传统理论的严峻挑战，同时也意味着档案管理传统理论面临着绝佳的更新和发展机遇。

（1）社会环境的巨大变化。当前我国社会安定团结、经济稳步快速发展、民主政治建设稳步推进，全社会正在坚持以人为本，全面、协调、可持续发展的科学发展观，推动物质文明、政治文明和精神文明的和谐发展，努力构建社会主义和谐社会。这就为档案管理理论的更新与发展提供了较好的社会大环境。

（2）国际交流与合作不断开展。档案管理传统理论所面临的严峻挑战具有全局性、广泛性和全球性的特点，这必然会增强世界范围内的广大档案界人士发展更新档案管理理论的紧迫感，促进他们不断进行创新性思考与探索，不断加强区域之间、国家之间、学科之间、行业之间的交流与合作，从而有效推动档案管理传统理论的革新。

（3）档案科学研究工作日益深入。现代档案学教育层次多种多样，同时为了适应时代和实践需要，现代档案学教育往往注重培养和造就掌握现代信息技术、具有广博管理知识的档案专业人才，这些人才较少受到传统观念与思想等条条框框的束缚，思想活跃，必然能促进档案学理论的发展与进步。

（4）现代信息技术飞速发展。运用现代信息技术的档案管理实践必然会逐步积累起许多成功的经验或者失败的教训，通过对经验和教训的概况总结、抽象升华，必然会形成适应新的信息技术、新的网络环境的行之有效的现代档案管理的新理论。

二、文件生命周期理论

文件生命周期理论是文件管理的核心理论。二十世纪文件数量的激增是文件生命周期理论产生的社会背景；二十世纪四五十年代文件中心的出现以及人们寻找对其的理论解释是导致文件生命周期理论产生的直接原因。后来，随着研究范围的逐渐扩大，人们对文件的整个运动过程以及对这一过程的全面管理进行了系统研究，客观揭示了文件的运动过程和规律，最终形成了文件管理的核心理论。

（一）文件生命周期理论的含义

文件生命周期理论认为文件具有一定的生命周期，现行文件从其产生到最终销毁或永久保管是一个完整的生命运动过程。在这一过程中，由于文件价值形态的变化，又可以划分为若干个阶段。文件在每一个阶段因价值形态的不同，保存场所、管理方式及服务对象也不同。文件的价值形态与其保存场所、管理方式及服务对象之间存在内在的对应关系。

1. 文件从其形成到销毁或永久保存，是一个完整的生命运动过程

文件的产生、流转，办理完毕后归档保存或销毁，最终移交档案馆永久保存的过程是一个前后衔接、连续统一的生命运动过程。

2. 由于文件价值形态的变化，这一生命过程可划分为若干阶段

文件的生命运动具有阶段性特征，从文件价值形态的变化出发，中外档案界一般将文

件生命运动的生命阶段划分为现行阶段、半现行阶段和非现行阶段三个阶段。

3. 文件在每一个阶段因其具有不同的价值形态，而体现为不同的服务对象、保存场所和管理方式

现行阶段的文件具有现行效用，处于机关文件的流转过程中，等文件承办完毕以后，则需要根据其价值大小决定是否归档保存或销毁。归档保存的文件进入半现行阶段，这一阶段的文件对本机关具有一定参考作用，保存在本机关档案室或文件中心，主要为本机关服务，具有过渡性。文件在机关档案室或文件中心保存若干时期以后，经过鉴定，将其中具有永久保存价值的文件移交档案馆。进入档案馆永久保存的文件进入非现行阶段，非现行阶段的文件对形成机关已经丧失了最初的原始价值，而主要体现为对整个社会的价值。

文件在历经三个阶段的生命运动过程中，其对本机关的原始价值（对本机关的行政、财务、法律等价值）和对本机关之外的其他利用者的档案价值（证据价值和情报价值）出现了此消彼长的变化。在现行阶段，文件主要发挥对机关的现行效用，在机关部门间流转，直到办理完毕，文件主要体现为原始价值；在半现行阶段，部分文件最初仍然具有较高的原始价值，但随着时间的推移，原始价值逐渐衰减，部分文件的档案价值开始逐渐显现；在非现行阶段，文件的原始价值丧失而档案价值突出，文件为社会各界服务。随着文件原始价值的削减和档案价值的增加，文件的保管场所相应地发生了变化，从机关内部到文件中心（或档案室），最终移交到档案馆。文件的服务对象也逐渐由内向外，同时，服务方式经历了一个从封闭到开放的过程。

（二）文件生命周期理论的理论价值

文件生命周期理论对于传统档案管理的理论指导意义是不言而喻的，它从理论上科学地阐释了文件中心存在的合理性，奠定了文件的分阶段管理以及文件的全过程管理的理论基础。对于电子文件管理而言，文件生命周期理论虽然在一些细节问题上存在一定的不足，但仍然具有宏观上的理论指导价值。这是因为，文件生命周期理论是对文件运动规律的客观描述，电子文件具有文件的基本属性，它在载体形式和生成环境方面虽然具有特殊性，但仍然要历经从产生到销毁或永久保存的整个生命周期，电子文件的运动仍然具有一定的阶段性，只不过各阶段的界限模糊，运动特点发生了变化，此外，电子文件的价值形态与相关因素的对应关系虽然已经弱化，但并不是绝对消失。文件连续体理论修正和发展了文件生命周期理论的某些细节，使其适用于电子文件的管理。

关于文件生命周期理论与文件连续体理论的关系众说纷纭，但有一点可以肯定，文件生命周期理论是文件连续体理论产生的基础和源泉，后者是对前者的修正和发展。在电子

文件时代，文件生命周期理论的某些细节可能需要补充和修改，但仍然具有十分广泛的理论指导意义。

三、档案物理管理及逻辑管理

（一）档案物理管理及逻辑管理的概念

物理管理，由形见意，指事物的表象。就是说按照手工管理的方式，以档案的物质介质为管理对象，制造和使用实际可触碰到的物质性工具的管理活动，比如消毒柜、计算机、档案柜等一系列的物质工具。

逻辑，体现的是人的逻辑思维能力，逻辑思维是人类思维的规律。人们在对的认识过程中，借助于概念化的东西，进行自己的推理判断。逻辑思维与形象思维不同的是，它是用科学的抽象化的概念，试图去揭示事物的本质，认识现实的结果，是人类抽象思维的展示。而逻辑管理，就是在物理管理的基础上，按照人类抽象的思维方式，主要以档案的内容性的东西对对象或者为着手点，来进行对档案的管理工作。

（二）档案物理管理与逻辑管理特点的区别比较

1. 管理对象

在管理对象上，档案物理管理的对象是档案的物质载体本身，而逻辑管理的对象则是档案的内容即承载的信息。虽然管理的对象不一样，但是档案的物理管理与逻辑管理却也并不是毫不相干的两个部分，他们之间也存在着相互影响和制约因素。

在物理管理占据主导地位的时代，我们的档案管理理论与管理思想主要是围绕着档案载体展开的，比较典型的是《档案管理学》与《档案保护技术学》等。传统《档案保护技术学》的基本内容包括：档案文件制成材料及其耐久性、档案文件损坏的理化因素及防护方法、档案文件损坏的生物因素及防护方法、档案文件的修复技术、档案文件的照相复制、档案馆的建筑和设备、技术图纸的保管等等，它们都属于档案物理管理的范畴。而《档案管理学》则以"实体管理"为主要线索展开。

电子档案产生之后，逻辑管理就占据了档案管理中的主导地位。虽然档案的物质介质还是存在且在未来相当长的一段时间里将继续存在，但地位却明显的不如物理管理时期了。逻辑档案管理时期，档案管理的主要思想和理论来源于档案的内容和它的内部信息。

2. 劳动特征

不论是档案的物理管理还是逻辑管理，作为人类的管理活动，它们都主要属于脑力劳动的范畴。但在具体表现上有所不同：

由于管理对象是实际的物质介质，所以档案的物理管理过程中，除了必要的脑力劳动外，管理人员也不得不进行一些与体力劳动有关的活动。也正是因为处于这样的时代，以及人们思维方式的固化，使这时期的人们更多的注重的是档案管理工作中的体力劳动部门，而忽略了在脑力劳动在管理活动中的支配地位，甚至想当然地把档案管理工作归结为简单的仓库管理类工作。但随着科学的发展，人类思想的进步，我们应该认识到，这样的想法是错误的，物理管理也应该是一种科学化的管理，传统档案保护技术学的发展，就是最好的佐证。

随着信息技术的发展与普及，脑力劳动在档案管理工作中突出地位越来越得到广泛认可。由于管理对象是档案的内容与信息，论文的格式在电子档案的逻辑管理时代，人们在档案管理活动中的脑力劳动，慢慢地转换成了计算机系统的劳动。计算机系统的程序劳动，是一种高级的脑力劳动，是人类脑力劳动的发展与延伸。

3. 方法特征

在电子档案产生之前，档案管理——无论是物理管理还是逻辑管理，都以手工管理为主要的方法特征。虽然我们有了一些档案管理工具，如密集架、提档机等等，但传统档案管理的手工管理特征仍十分明显，其工作的基本模式是：人→档案。在电子档案产生之后，电子档案的物理管理仍主要表现为手工管理方式，而电子档案的逻辑管理则改变为完全自动化的计算机及计算机网络系统的程序管理方式，其工作的基本模式是：人→计算机→档案。

4. 思维特征

物理管理与逻辑管理具有不同的思维特征。物理管理具有形象思维的思维特点，逻辑管理具有抽象思维的思维特点。形象思维解决的是管理过程中的三维空间问题，抽象思维解决的是管理过程中的信息内涵及时间问题。

在物理管理中，人们在管理过程当中更多的想到的是有形的东西，比如纸张、案卷等；而在逻辑管理中，人们反应的则是概念化的东西，比如文件名或者某方面的信息内容等。

在物理管理时代，人们的思维方式与管理理念在各方面都不得不受物理层次的制约，难以脱离形象思维的影响。在逻辑管理占主导地位的管理时期，人们在想到某些信息内容时，不会像在物理管理中那样第一时间联想到的是库房号或者案卷号等，而跳过了载体这一环节，脑袋中直接浮现出某某文件名或者具体的信息内容。管理人员只要使用检索工具，在虚拟化状态中查找并调阅想到的东西。

5. 哲学特征

档案物理管理针对的是一个现实的物质世界；档案的逻辑管理针对的是一个由概念组成的信息内容世界。虚拟档案管理哲学对传统实态档案管理哲学的超越，是建立在档案的虚拟逻辑管理对现实物理管理的超越的基础上的。

四、档案管理理论对档案数据库建设的影响

（一）档案分类理论对档案数据库的建设起着导向作用

从管理学上讲，任何管理活动，抛开其最终目的，其最基本的目的或者基本要求都是要使被管理对象有序化，档案管理的基本目的就是要使档案有序化，包括档案实体管理和信息管理的有序化。将数量庞大、内容形式复杂多样的档案有序化的具体方法很多，但最基本的方法就是分类，即对档案总体进行分割、划分，将其分为若干层次、小不同的部分或门类、种类、类别，然后对这些不同的部分、门类、类别等实施分别管理。

在档案理论界中逻辑主义和历史主义的分类思路得到普遍认可。逻辑主义的分类思路是根据档案的一般特征作为分类标准和依据，根据严格的形式逻辑进行划分的分类思想，比如按照保管期限、密级等进行划分。

历史主义的分类思路是按照事物的现实存在状态与界线对事物进行区分的，强调根据事物的现状进行把握，尽可能接近事物的真实状态，是一种客观主义的分类思路。历史主义方法在档案实体管理领域的具体体现就是全宗原则，在分类时首先按照档案所属的全宗进行归类。

（二）全宗原则及其理论发展

对档案数据库建设发挥指导作用档案管理基本理论认为档案的实体管理必须维护和尊重档案的本质特性，必须采用历史主义的方法，遵守全宗原则，这一思路对于档案数据库的建设具有重要的指导作用。

首先，全宗原则是档案实体分类的基本方法，是人们经过理论分析和实证研究之后得出的宝贵经验。以全宗为基本单位建设档案数据库，数据库内容反映的是一个现实的实体单位的历史记录，保证了档案数据具有一个坚实可靠的立足点，这是单纯地依靠逻辑分类方法所达不到的。

其次，采用全宗原则指导建设档案数据库，能够最大限度地维护档案的原始记录性。因为全宗作为一个独立组织或个人形成档案的全部，是一个不可分散、不可打乱混淆的有

机整体，这样能够最大限度地维护和保持档案的本质特性——原始记录性，这也是档案信息在管理组织上独树一帜、不同于图书、资料、情报等文献的根本原因。档案数据库作为档案信息管理的重要工具和手段，必须服从这一更高的管理目的。

（三）电子文件管理理论

为档案数据库的未来发展提供营养电子文件管理已经成为目前档案信息化进程中不可回避的课题。电子文件是信息化环境中业务过程和业务成果的真实记录，因此保证电子文件的真实、完整、可用具有非常重要的意义。

电子文件生命周期理论认为，电子文件从形成到销毁或保管是一个完整的运动过程，对电子文件生命全程的管理和监控措施应当前置到电子文件管理系统的设计之中，包括对其运动全程的状态记录。档案数据库在电子文件管理环境中如何发挥作用，需要电子文件管理理论提供支持。

与传统档案进行事后管理不同，现代文件档案管理倡导的前端控制原则要求将整个文件管理过程的目标、要求、规则等进行系统分析，将需要在文件形成阶段实现的功能尽可能进行整合。这就要求对文件数据结构的设计要考虑到整个文件管理活动的需要，实时收集需要进行前期控制的数据元素，为确保电子文件的真实可靠、完整安全、长期可读提供保障。

第三节　现代档案特点与管理趋势

一、现代档案的显著特点

（一）数量激增，种类多样

由于社会的发展和科学的进步，档案的数量与日俱增。尤其是在第二次世界大战结束以后，从 20 世纪 40~50 年代开始，以原子能、电子计算机和空间技术的广泛应用为主要标志的第三次科技革命浪潮的兴起，推动科学技术迅猛发展，社会职能不断扩大，社会分工更加细化。在这样的社会技术背景下，科学技术档案和其他专门档案的数量急剧增长，逐渐从普通档案中分离出来，导致档案种类的多样化和档案管理范围的扩大。

（二）来源广泛，内容繁杂

现代社会职能活动范围越来越广泛，各单位的联系和交流也不断扩大，致使档案的来源十分广泛和分散，内容极其丰富。档案记录了从古至今社会经济、政治、法律、军事、外交、科学技术、文化教育等各方面的情况。科学发展的分化与综合以及相互渗透的特点，科学与社会、经济日益密切的关系等都反映在档案内容上，使档案的成分和内容更加纷繁复杂。

（三）载体形式多样化

现代社会，传统的纸质档案虽然仍占据统治地位，但特殊载体形式的档案，包括缩微档案、声像档案及电子档案等大量出现，尤其是电子档案的出现和普及，推动了整个档案管理工作的变革。档案载体形式的变化促使人们寻找档案长久保存、档案信息的传递和利用的新的手段和方法。

（四）社会对档案的需求增加

信息时代，社会对信息的需求空前增加，各行各业都要求尽快获取充分而准确的信息。档案作为一种重要的信息源，越来越多地受到了人们的关注，社会对档案信息的存贮、传递、利用提出了更高的要求。

现代档案数量大、门类广、内容复杂、形式多样的特点以及社会对档案需求的增长，对档案管理工作提出了新的要求，推动了档案管理工作的发展和变革。

二、现代档案管理工作的发展趋势

（一）文档管理的一体化和图书、情报、档案管理的一体化

1. 文档管理的一体化

文档管理的一体化是指，从文书和档案工作的全局出发，实现从文件的制发到归档管理的全过程管理，将文件管理和档案管理融为一体，即将现行文件的产生、归档及档案管理纳入一个管理系统，采取统一的工作制度、程序和方法，而不再将文件管理和档案管理视为两个相互独立、界限分明的管理系统，从而有效地减少了重复劳动，提高了文档管理工作的效率。文档一体化具体应包括：

（1）文档实体生成一体化，即对公文、档案从生成、流转、归档形成档案直至被销毁

为止的整个生命周期进行全面管理。

（2）文档管理一体化，从管理体制、组织机构、人员配备等方面保证一体化的实现。

（3）文档信息利用一体化，可直接通过文档检索系统查找所需要的文件或档案。

（4）文档规范一体化，文档一体化要求在公文办理和档案管理中实施统一协调的规范和要求。

文件生命周期理论是文档一体化的理论依据。文件生命周期理论认为，文件从其产生到最终销毁或进馆永久保存是一个完整的生命运动过程，档案与文件并没有本质的区别，实质上是同一事物，两者只不过处于不同的生命阶段而已，因此，将文件与档案纳入一个统一的管理系统，实行一体化的管理，遵循了文件运动的客观规律。

计算机技术的应用，办公自动化的普及以及档案管理网络化的发展，为文件和档案的一体化管理提供了技术环境。在办公自动化条件下，人们可以轻松地在计算机上起草文件并通过网络进行传输和办理，最后决定是否销毁或归档保存，文件与档案之间不再有明确的界线。利用文档一体化管理软件，人们可以随时将已经处理完毕的文件归档。而在传统的管理模式中，文件管理和档案管理是两个相互独立的阶段，文件办理完毕以后归档整理的周期较长，文件转化为档案有一个明显的过程，在此过程中，不可避免地造成了重复劳动，如文件的重复著录和标引等。

文档一体化系统是实现电子文件全过程管理和前端控制的重要平台。在文档一体化系统中，可以对电子文件的产生、运转、归档管理或销毁的全过程实施控制和管理，更为重要的是，档案人员可以从系统的设计之初就介入其中，使系统的设计和实施能够体现文件的档案化管理思想，这对于保证电子文件的真实性和完整性极为重要。

2. 图书、情报、档案的一体化管理

图书、情报、档案各有其特点，图书具有比较系统的知识体系，情报是用来消除不确定性的特定信息，档案是记录人们社会活动的原始信息，但三者在功能上可以互补。随着现代信息技术的发展，三者的一体化管理方案将日趋成熟。图书、情报、档案一体化的管理模式具有突出的优势，首先，可以提高信息的综合度，充分组织和开发利用各类信息资源，满足生产、生活、领导决策和文化传播综合、集成的信息需要。其次，可以优化单位的资源配置，实现资源共享。近年来，许多大型企业在以前图书室、资料室和档案室的基础上进行资源重组，建立了企业信息中心，对图书、情报和档案实施一体化管理，将它们纳入统一的信息管理系统，能够充分利用各类信息资源，实现资源共享。再次，图书、情报、档案的一体化管理适应了社会信息化和数字网络环境对于各类信息综合集成的管理需要和利用需要。在信息网络环境下，图书、情报、档案等各类信息资源将不再是界限分明的孤岛，而是相互渗透、相互连接的信息集成。

当前，随着计算机技术、网络技术和现代通信技术的发展，两个"一体化"管理的发展趋势日趋明显，相应地，要求档案工作者改革思想观念，开阔视野，积极向纵向和横向延伸。所谓纵向，是指向前延伸至文件管理，应熟悉文件管理的理论与方法。所谓横向，是指图书与情报管理。档案作为一种独特的信息资源，与图书、情报之间存在密切的联系，档案工作者应该了解图书、情报工作的原理和方法，为三者的一体化管理奠定基础。

（二）档案管理手段数字化和网络化

20世纪中后期以来发生的以计算机技术为代表的现代信息技术革命，使档案管理的方式发生了变革，由传统的手工管理方式向数字化和网络化方向发展。所谓档案管理的数字化，是指借助计算机技术等现代信息技术，直接生成数字档案信息，或通过数字化技术，将存贮在传统介质上的模拟档案信息转换成数字信息，便于档案信息的网络传输和共享。数字化档案的产生主要有两个渠道，一是在数字网络环境下（尤其是在办公自动化环境下）直接产生大量的电子文件，通过在线或离线方式归档以后转化成电子档案。二是通过馆藏数字化，将原来存贮在纸张、缩微胶片、唱片、录音带、录像带等载体上的档案信息通过数字化处理后转换成数字信息，形成电子档案。数字化档案是实施档案网络化的必要前提。随着互联网的普及，档案管理网络化已是大势所趋。所谓档案管理网络化，是指通过网络接收、传递、开发和利用档案信息。档案管理数字化和网络化已经打破长期以来在纸质环境下形成的传统、封闭的档案管理模式，极大地提高了档案管理效率，为数字环境下档案信息的组织、开发和提供利用奠定基础。

（三）档案管理对象的变革

数千年来，档案管理的主要对象一直是纸质的，人们对纸质档案的特征了如指掌，总结出了主要是针对纸质档案的较为全面、成熟的档案整理、鉴定和保管方式，积累了许多管理经验，并将其提升为档案管理的基本理论。而20世纪中后期以来的现代信息技术革命打破了纸质档案一统天下的格局，以计算机技术等数字技术为依赖的电子文件得以产生并大量增长，而且在互联网的普及过程中受到越来越广泛的认同，彻底的无纸化办公时代似乎为期不远了。那么，纸质档案是否会彻底消失，电子文件是否会完全取代纸张文件呢？答案是否定的。由于人们阅读和使用纸张的习惯，以及电子文件本身在长期保持信息的完整和真实方面的缺憾等多种原因，使得纸质档案和电子文件将长期并存。电子文件的出现对档案管理工作提出了挑战，需要档案人员在对电子文件的管理实践中努力探索与之相适应的理论和方法，并处理好纸质文件和电子文件在管理中的衔接问题。

（四）档案馆的公共性和社会化服务将越来越突出

在我国，各级国家档案馆作为法定的保管国家档案资源的管理机构，属于科学文化事业机关，它所应具备的社会化服务功能尚未得到很好的发挥，长期以来，更多地扮演了党和政府的机要部门的角色。在我国政府职能转型和电子政务建设的过程中，加强政府的公共管理职能被普遍关注，与此相应，拓展国家档案馆的社会服务功能，突出其公共性的呼声日益高涨，公共档案馆的名称和概念开始越来越多地被人们使用和认可。公共档案馆由国家设立，其宗旨是面向社会和所有公民提供全方位的服务，其馆藏主要是国家机构和相关组织在公务活动中形成的公共档案以及其他反映社会各阶层活动的档案材料，其服务对象是全体公民，并为利用者提供良好的阅档环境。长期以来，我国各级国家综合性档案馆在馆藏结构和服务对象等方面的定位是以党和政府的机关部门为主，馆藏档案以各级党和政府部门的文书档案居多，而科技档案以及记载当地社会团体和公民的档案较少，加上档案馆封闭的服务方式，使档案馆与社会公众之间有一定程度的疏离。因此，只有在改善馆藏机构，丰富馆藏内容，加强档案馆社会化服务功能的基础上，才有可能使我国的各级国家综合性档案馆真正发挥公共档案馆的职能。

第二章 档案的收集与整理

第一节 档案收集与管理工作的内涵

一、档案收集的工作

（一）档案收集工作的内容

档案收集是一种按照国家的规定，通过例行的方式和制度接收、征集有关档案和文献的活动，这种活动可以将散落在各机关、组织、个人手中的相关档案统一收集到有关的档案室或档案馆，以便实现对相关档案的科学管理。具体来看，档案收集工作涉及以下几方面的内容。

（1）机关单位、事业单位和企业单位的档案室对本单位所要归档的档案的接收。

（2）档案馆对辖区内现行的机关单位、事业单位、企业单位和撤销单位的具有长期保存价值的档案的接收。

（3）对中华人民共和国成立以前各个历史时期所形成的档案的接收与征集。

在这里需要注意的是，档案收集工作并非一项简单的事务性工作，而是一项会受国家政策影响，并且具有很强业务性特征的工作。这主要体现在两方面：一方面，档案室和档案馆在收集档案时需要根据国家政策规定，以及档案的特性进行选择；另一方面，档案收集工作受档案形成者的档案意识水平、价值观以及档案馆（室）保管条件等多种因素的制约，需要综合研究、统筹规划，提高档案收集工作的质量。

（二）档案收集工作的地位

在整个档案管理工作中，档案收集处于一个十分特殊的地位，这一地位主要体现在以下几方面。首先，档案收集工作是档案馆（室）积累档案的一种重要手段，也是档案馆（室）开展档案工作的业务对象和业务起点。其次，档案收集工作是档案馆（室）对档案进行有组织、有目的、有纪律、有规划的管理的一项具体措施。再次，档案收集工作质量的高低情况会直接影响档案馆（室）其他工作的开展和实施。最后，档案收集工作是档案馆（室）和外界发生联系的重要环节之一，是以国家相关政策为依据，与社会进行广泛接触，且需要工作人员具有较强的业务能力的工作。

（三）档案收集工作的特性

1. 预见性与计划性

作为人类各种社会活动的伴生物，档案的形成具有很强的分散性特点，即档案是散布于社会各个方面的。档案室和档案馆进行档案收集，要对其进行认真调查，科学地分析和预测档案形成、使用、管理的规律和特点，这样才有助于从分散的档案中做好收集工作。

同时，档案馆和档案室在进行档案收集时，还必须充分、全面地了解和把握本馆（室）主要档案用户的利用动向、特点和规律，以便结合档案用户的长远需要收集能为他们所用的档案，真正发挥档案收集的作用。这意味着档案馆（室）需要提前做好档案收集工作的计划，以便有计划、主动地开展档案收集工作。

2. 完整性与系统性

档案收集的一个重要要求就是收集到的档案必须在种类、内容方面符合齐全、完整的特点，同类档案之间也应能构成一个有机整体，这就使档案收集工作表现出完整性和系统性的特点。档案收集的完整性和系统性特点要求档案收集工作人员在收集档案时，必须考虑档案当前以及未来在生产、生活中能起到的积极作用，以便真正发挥档案收集信息参考的价值。

3. 针对性与及时性

档案收集工作必须根据各级各类档案馆（室）的收集档案的范围来进行，不能违反国家规定，擅自收集不属于本馆（室）收集工作范围的档案，以保证收集工作能够有目的、有重点地进行。档案收集工作还具有及时性的特点。它要求档案人员必须具有明确的时间意识，将应当接收或征集的档案及时收集进馆（室）。档案部门应当尽最大的努力，避免拖延迟误，在掌握有关信息线索的前提下，采取相应的方式，尽快将档案收集起来。

二、档案收集与整理工作

(一) 档案收集与整理工作的内容

第一，在正规的工作条件下，档案室所接收的文件大多数是由文书部门和业务部门按照本室档案归档工作的要求立好的案卷，而档案馆接收的档案则是根据本馆档案要求整理好移交的案卷。也因为这样，档案室和档案馆的档案管理工作主要是对接收的档案进行更大范围的系统整理，如全宗和案卷的排列、案卷目录的加工等。

第二，对于一些已经入馆、入室保管的档案文件，档案馆和档案室在整理时可能发现其中存在一些不符合本馆、本室档案工作要求的情况，这就需要档案馆和档案室根据本馆、本室档案工作要求对其进行重新加工整理，以提高档案整理的质量。同时，还有一些保存时间较长，档案自身和整理体系已经发生变化的档案，档案室和档案馆也需要对其进行调整。

第三，一些情况下，档案室和档案馆也会接收一些零散的档案文件，这就需要工作人员对其进行全过程的整理和加工，其工作内容与一般档案整理工作内容相同，即区分全宗、在全宗内建立档案分类、立卷并进行案卷编号、编制案卷目录。

在实践中，我国档案室和档案馆对档案的管理主要属于第一种情况，但后两种情况也经常出现。因此，档案工作人员需要熟悉整个档案管理工作的程序，掌握相应的业务能力。

(二) 档案收集与整理工作的程序

1. 系统排列和编目

在正常情况下，档案室接收的是文书部门和业务部门按照归档要求组合好的文件材料，而档案馆接收的是各个单位档案室按照进馆规范系统整理的档案。因此，对于档案室和档案馆来讲，档案管理工作只是在更大范围内对接收进来的档案做进一步调整。

2. 局部调整

档案馆 (室) 在日常管理工作中，要定期对所藏档案进行检查，发现明显不符合要求、确实影响保管和利用的档案，档案馆 (室) 有责任对不合理的整理状况进行局部的调整。

3. 全过程整理

档案馆 (室) 在收集档案过程中，由于种种原因，其中有些档案没有经过系统的整理，处于凌乱状态，这就必须进行全宗划分、组合、排列和编目的全过程整理工作。

（三）档案整理管理工作的原则

1. 注意保持档案之间的有机联系

档案整理的任务就是要"自然地"按照档案文件"固有的次序"去排列组合档案文件实体并固定它们相互间的位置，使之保持其内在的、客观的有机联系，形成具有合理有序结构的整体。

档案之所以会对各种类型的、有着不同需求的用户有用，就是因为它记录了一定的人类活动过程。这种活动过程是与各种事物相联系的，因此日后的利用者才会从这一活动过程与自己查考的事物的关系的角度，利用这种档案。也就是说，从各种角度、方面对档案的利用要求，实际上是档案所反映的活动过程本身所诱发的，是由这种活动本身的存在而派生出来的。因此，档案分类只能依据形成档案的活动过程本身所具有的运动规律和科学程序来进行，即应以保持文件中与这种过程、规律或程序相吻合的本质有机联系为原则。

在这里需要注意的是，档案之间的有机联系并不是绝对的，而是相对的。在同样类型的活动过程中，事物之间的各种矛盾和联系也是多种多样的。哪种主要，哪种次要，这是随客观条件的变化而变化的。对待文件间的有机联系必须具体问题具体分析，从实际出发变换方法，力求保持文件间最紧密的联系。

2. 充分利用原有的整理基础

档案是历史的产物，在入藏以前，有的可能存有文件作者或经办人员保管、利用它们的痕迹，有的则可能经过历代档案工作人员的整理。因而，在档案整理过程中，要注意发现上述遗迹并加以利用，即充分利用原基础，这也是科学组织档案分类工作的一条原则。

档案中存在的经初步保管、整理的状况或成果，在某些情况下，可能会具有一定的合理成分。如文书处理人员为便于承办和利用，常把同一事件的请示与批复放在一起，造成了档案文件间一种自然的排列次序；而过去的档案人员整理文件时，更是出于当时的某种需要或某种考虑，把具有某种共同特征（问题、作者、时间或形式等）的文件组合在一起。正因如此，应该从实际出发，充分认识并利用原有的基础，以确定档案整理的任务与方式，不轻易打乱重整。也就是说，在整理档案之前，应对档案的现状做调查研究。

首先，如果发现档案已初步经过整理，原基础较好，一般就不必打乱重整。这种原有的基础，按现时的标准衡量，可能在保持有机联系的问题上有这样或那样的缺陷，但是整理档案作为实体控制的手段，其目标无非是要使档案按一定的规则或规律排列起来，确定其存放的位置，以便于检索。只要这些档案有规可循，有日可查，一般就应尽量保持其原有的整理体系。

其次，即使原基础很不理想，根本未经整理或必须重整，也应仔细研究存在于档案中的每一条线索，不轻易打乱破坏文件产生处理过程中形成的自然顺序，或前人的整理成果。也就是说，要注意吸取原基础中的合理成分，即使对某些极简单的保存与清理工作的痕迹，也应注意分析是否有参考价值。只有在全面掌握原基础情况以后，才能拟订确实可行的计划，动手整理或仅仅做局部调整。

3. 便于保管和利用

整理档案时，应充分利用档案原有的基础，积极保持档案之间的有机联系，但在具体的整理实践中，有些文件的有机联系又容易与档案保管的便利性产生冲突。例如，某次会议产生的文件，有纸质的，也有视频的、音频的，还有可公开的、必须保密的，如果单纯只强调文件之间的有机联系，将它们混合起来进行整理，很显然会对保管的便利性产生不利影响。因此，在整理档案时，如果档案之间的有机联系与档案保管的便利性产生冲突时，不能只重视文件联系，还要充分考虑档案保管与利用的便利性。对于不同种类、不同载体、不同机密程度、不同保管价值的档案应根据具体情况具体处理，恰当组合，以便在一定范围内保持档案的最优化联系。

在这里需要注意的是，档案整理必须便于保管和利用，并非通过它就能完全满足从多角度检索档案文件的一切需求。便于保管和利用既是档案整理的出发点，更是整个档案管理工作的出发点。不能要求在实体控制阶段就"毕其功于一役"，解决应由整个档案管理各阶段共同解决的问题。应该看到，档案整理工作的任务只能是按一种规则排列档案实体使之形成有序结构，从而为档案的更好保管和进一步利用提供必要的基础。至于使档案信息能从多角度检索，满足一切查寻要求，那是智能控制的任务，不能强求由档案的实体整理去完成。否则就会使档案实体易于损毁，不便利用。

第二节　档案室与档案馆的收集工作

一、档案室的收集工作

档案室的收集工作包括接收本单位归档的文件和收集未及时归档的平时文件两个方面的内容。其中，文件归档是档案室收集档案的主渠道，平时文件收集则是一种补充的形式。

（一）文件归档

各单位在工作活动中产生的文件材料办理完毕后，不得由承办部门或个人分散保存，必须由文书部门或业务部门系统整理，定期移交给本单位档案室集中管理，这就是归档。在我国，归档是国家明文规定的一项制度，并且以法律的形式固定下来，这就是通常所说的归档制度。归档制度是档案室收集工作的重要内容和最基础的工作，建立健全归档制度能够确保档案室档案来源的连续性，为国家积累档案财富提供重要保证。

1. 归档范围

归档范围是指办理完毕的档案文件应该归档还是不应该归档的范围。决定文件是否应该归档的因素主要是档案文件本身的保存价值。以下几种档案文件都属于归档范围。

（1）能反映本机关历史发展情况，以及本机关的主要职能活动，并且对本机关的工作具有利用价值的文件材料。

（2）在机关工作活动中形成的，在维护国家安定、公民权益等方面的凭证性文件材料。

（3）本机关需要执行的上级机关、同级机关的文件材料，以及下级机关报送的重要文件材料。

（4）其他对本机关工作具有参考价值的文件材料。

不属于归档范围的文件材料，主要包括以下几种。

（1）备份的文件材料，如国家相关机关印发的文件，本单位内凡有备份的，均由主管单位负责归档，其余可不必归档。

（2）一般事务性，且没有保存价值的文件材料。

（3）未经会议讨论，未经领导审阅、签发的文件材料。

（4）未成文的草稿，以及经过多次修改的修改稿。

（5）与本机关、单位业务无关的由主管机关和非隶属机关发来的文件材料。

（6）本机关领导兼任其他机关职务期间形成的文件。

（7）一般人民来信。

（8）法律规定的不得归档的文件材料。

总之，确定归档范围的一般原则是：归档文件必须具有一定的保存价值，必须符合各机关文件材料的实际状况。各机关和单位应根据国家的统一规定和要求，确定本机关归档和不归档文件材料的范围。

2．归档时间

归档时间是指文书处理部门或业务部门将需要归档的文件材料向档案室移交的时间。

机关文书部门或业务部门一般应在文件办理完毕后的第二年上半年，即在次年6月底以前向档案部门移交。

企业在经营管理工作、生产技术管理工作、行政管理工作、党群工作中形成的文件，一般应在办理完毕后的第二年第一季度归档。

某些具有一定专业性的文件可以另行规定合适的归档时间。如会计档案在会计年度终了后，可暂由会计机构保管一年，期满后，应当由会计机构编制移交清册，移交本单位档案机构统一保管；学校档案应当在次学年6月底前归档；磁带、照片及底片、胶片、实物等特殊载体则应在工作结束后及时归档，或和相应内容的纸质载体同步归档等。在这些文件中，科技文件的归档不同，它没有固定的归档时间，主要根据科技文件材料的不同类型和特点、不同的形成规律和利用需求来确定合适的归档时间。一般来说，有定期归档和实时归档两种。定期归档可分为按项目结束时间归档、按子项目结束时间归档、按工作阶段归档、按年度归档四种；实时归档适用于机密性强的科技文件材料和外来材料（外购设备的随机图纸、文字说明，委托外单位设计的文件材料等）。

3．归档文件的质量要求

（1）归档的文件应齐全、完整，每份文件不缺张少页，并组成保管单位。

（2）遵循文件的形成规律，保持文件之间的有机联系，区分不同价值，便于保管和利用。

（3）卷内文件经过系统整理和编目。

（4）案卷封面填写清楚，案卷标题准确，案卷排列合理，编号无误。

（5）编制了完整的案卷目录和相关的文件。

（6）对已破损的文件应予修整，对字迹模糊或文件载体存在质量隐患的文件应予复制。

（7）归档文件所使用的书写材料、纸张、装订材料等应符合档案保护要求。

（8）在文书档案文件组卷时，一般应将文件按年度分开，不同年度形成的文件一般不可放在一起组卷。但是，跨年度的请示与批复，应放在批复年度立卷，没有批复的，放在请示年度立卷。

（9）录音带、录像带、影片、照片等特殊载体的文件，应同纸质文件进行统一整理、编目，但要分别存放，在案卷目录上要注明互见号，以保持文件间的历史联系，便于查找利用。

（10）绝密文件和绝密电报应该单独立卷（少量普通文电如与绝密文电有密切联系，也随同绝密文电一起立卷）。

（11）对于不同保存价值的文件，应当分开组卷，以便日后向档案馆移交，防止拆卷重组问题的产生。

（二）平时文件收集

平时文件收集是指档案室在执行归档制度之外对零散文件的收集。

1. "账外"文件的收集

"账外"文件是指未经单位文书部门登记入账，在收、发文登记簿上无"账"可查的文件。"账外"文件主要有：本单位召开的各种会议文件材料；本单位领导人和业务人员外出开会或参观学习考察等活动中获取的文件材料；外单位直接寄发给领导人"亲启"的文件或直接给部门和有关人员的文件材料；本单位内部各种规章制度、统计数字材料等。

2. 专业文件的收集

专业文件是指在各项专业活动中形成的文件和特殊载体的文件材料。档案室在重视对文书档案、科技档案收集的同时，还应重视对各种专业文件的收集；在重视对纸质文件收集的同时，还应健全归档制度，重视对音像等其他载体文件的收集，确保档案室保存的文件门类齐全。

3. 零散文件的收集

零散文件的形成原因主要有两个：一是某些单位由于归档制度未建立或归档制度执行不严，致使文件材料分散保存在内部机构、领导人或业务人员手中，特别是未经收发室登记的文件和某些内部文件；二是由于机构调整、人员变动或发生搬迁、灾害等特殊情形，使归档文件不齐全、不完整。

二、档案馆的收集工作

档案馆作为国家的文化事业机构，是集中保管国家重要档案的基地，是社会各方面利用档案信息资源的中心。因此，它必须要以拥有丰富、优质的馆藏档案和资料为基础。做好档案的接收与征集工作是档案馆工作中一项非常重要的内容。

（一）档案馆档案接收的范围

档案馆接收的范围包括以下几方面。

（1）本级各机关、团体及其所属单位具有永久保存价值的档案，省辖市（州、盟）和县级档案馆同时接收长期保存的档案。

（2）属于本馆应接收的撤销机关、团体的档案。

（3）属于本馆应接收的中华人民共和国成立以前的各种档案。

对于第（1）条所列"本级各机关、团体及其所属单位"中的所属单位，在具体接收时要明确规定接收到哪一级所属单位。目前，一般只接收到二级单位，档案馆各方面条件具备也可以接收到所属的基层单位。比如省、市档案馆，按规定应接收省（市）直属机关、团体、企业、事业单位的档案。如果接收到二级单位，就可以接收省直机关所属的公司（如百货公司、五金交电公司、服务公司、食品公司等）的档案。如果接收到所有的隶属单位，就要接收各公司所属的丁厂、商店的档案。

组织关系在地方，属于地方和上级主管部门双重领导的单位形成的、以反映地方某项事业或建设活动为主的档案，经有关方面协商，也属于第（1）条的接收范围。

另外，集体所有制单位和典型私营企业形成的有进馆价值的档案和著名人物档案，经协商同意，也属于档案馆的第（1）条的接收范围。

（二）档案馆档案收集的要求

为保证接收工作的顺利进行，档案馆在接收档案时，一般应符合以下要求。

1. 档案整理编目规范

档案由有关单位收集齐全，并按规定进行系统整理。

2. 档案收集完整

进馆档案应按全宗整理，保持全宗的完整性。一个全宗范围内文书档案、科技档案、音像档案和实物等各种门类和载体的档案应作为一个整体，统一移交给一个档案馆。

3. 档案检索工具齐全

接收立档单位档案的同时，应将其编制的组织沿革、全宗介绍、案卷目录等有关检索工具以及与全宗相关的各种资料一并接收。

4. 限制利用意向明确

对自形成日期满 30 年仍能对外开放的档案，各有关单位应在移交时提出明确的控制利用意见。政府信息公开部门应对移交档案中涉及政府信息的，书面告知其原有公开属性。

5. 清点核对手续完备

档案移交时，交接双方必须根据移交目录清点核对无误，并在交接文据上签字盖章，一式两份分别由双方单位保存。

（三）档案馆档案收集的任务

1. 现行机关档案的收集

按照《档案馆工作通则》等文件的规定，现行机关档案中具有长远保管意义的部分，需要定期向档案馆移交。接收现行机关档案室移交的档案，是各级档案馆的经常任务。

在对现行机关档案的接收时间上，档案馆接收现行机关保管期满的档案时，有逐年接收和分段接收两种办法。逐年接收就是每年对现行机关保管期满的档案接收一次；分段接收就是要隔一定时期（如 3 年、5 年）对现行机关保管期满的档案接收一次。一般用后一种办法为宜。

现行机关档案产生和形成的档案文件数量多、完整、系统，并且具有连续性。收集这些档案时，需要满足以下几方面的要求。

按规定向档案馆移交的档案，应该收集齐全（与档案有关的资料、立档单位的组织沿革、全宗指南及有关的目录、索引等检索工具，随同档案一并接收）并按全宗作为一个整体归入档案馆，不得随意分散。

进馆的档案必须真实，凡有疑点的档案，都要尽可能加以考证，如果一时难辨清楚，也要存疑，予以证明。

在接收档案过程中，除了履行必要的交接手续以外，在档案进馆前还应做好案卷的检查验收，具体可以按照自检、互检、检查小组检查接收的步骤进行。

馆藏档案内容除具有普遍性特点以外，还必须反映本地区的特点，有独到的地方特色。各省（市、自治区）档案馆的馆藏内容，有别于其他省（市、自治区）的鲜明地方色彩。要把带有地方特点的档案，作为接收的重点，以防止档案内容的大量重复。

现行机关移交档案时，必须根据移交目录，同接收档案的有关档案馆一起清点核对，并在交接文据上签字盖章，以便明确交接双方的责任，保证进馆档案的完整齐全。

2. 撤销机关档案的收集

撤销机关是指中华人民共和国成立前后，由于政权变更、体制改变、行政区划调整等原因而被撤销合并的机关、团体、企业、事业单位及其他社会组织。档案馆按国家规定接收这类机关、团体、组织的档案，也是档案馆档案收集的重要任务。

撤销机关档案，具有易分散、整理不系统，存在尚未办理完毕的文件等方面的特征。为此，档案馆在接收撤销机关的档案时，除了应按接收现行机关档案的要求对所接收的档案进行检查外，还应注意以下问题。

（1）机关撤销或合并时，严禁将机关在历史活动中形成的文档予以分散、损毁、丢弃，而应将全部档案进行认真清理、鉴定，并妥善保管，之后按照国家相关规定，将这些档案移交相关档案馆进行管理。

（2）当某个机关被撤销，其业务被划归到其他几个机关时，也不能将这个撤销机关原本留存的档案文件予以分散，而应将其视作一个有机整体妥善保管。然后由相关的单位通过协商的方式处理这些档案，当然也可以将其交给某个接管机关代管，或移交相关档案馆。

（3）当某个机关并入另一个机关，或几个机关合并为一个新的机关时，应按机关将其档案分别组成一个个有机整体，然后分别向有关档案馆移交，而不能将这些合并前的机关档案与合并后形成的档案混合在一起。假如接管撤销机关职能的机关，因为工作需要，可以在征得有关档案管理机关同意后，暂时代管撤销机关的档案。代管过程中一定要注意不要将撤销机关的档案与本机关的档案混淆，以便日后能清楚明白地将撤销机关的档案移交有关档案馆。

（4）机关撤销或合并时，假如存在还没有办理完毕的档案文件，应将这些文件转交给继承原机关单位职能的有关机关进行后续档案的处理。

3. 二、三级单位形成档案的收集

根据各级档案馆收集档案范围的规定的要求，各级人民政府的直属工作部门所属的独立分管某一方面工作或从事某项事业的行政管理机关和企事业单位，以及有代表性的第二、第三级单位形成的档案应向各有关档案馆移交。档案馆在接受这些档案时需要注意以下两方面的问题。

（1）避免不分重点，普遍接收

对二、三级单位形成的档案，档案馆必须择其有代表性的、典型的单位档案予以接收，而不能一味追求数量，采取普遍接收的办法。这就需要档案馆在接收档案前，要先做好调查工作，将本级机关或组织的所有的二、三级单位一一列举出来。在此基础上，按一定条件进行筛选，最后确定入馆单位的名单。

（2）避免不加选择，盲目接收

某些档案馆，为使馆藏数量增加，大量接收二、三级单位的档案，致使馆藏档案质量下降，数量"暴涨"，入馆的这种档案分类混乱，"玉石不分"、重复件增多（如统计报表、劳动及组织人事文件重复严重），给档案馆增加了人力、库房设备等方面的压力，给档案管理（如标准化工作）带来了沉重的负担。

（四）档案馆档案收集的方式

一般而言，档案馆档案收集的方式主要有两种：逐年接收和定期接收。逐年接收即每年接收一次档案；定期接收就是每隔一定时期（如 3 年、5 年）接收一次。但是，档案馆对科技档案的收集方式有所不同，实行相关单位主送制和科技档案补送制。

1. 相关单位主送制

对于普通文书档案而言，应按要求将其中具有永久和长期保存价值的所有档案都移交进馆。科技档案则不采取这种普遍接收进馆的制度，而是实行相关单位主送制，即对不同种类及不同项目的科技档案，按照国家有关规定，分别确定报送单位，主送单位报送档案中的不足部分由其他有关单位补充移交。

2. 科技档案补送制

建立补送制是为了及时反映进馆档案所涉及的科技、生产项目的发展、变化情况，保持馆藏科技档案的完整性和准确性。例如，进馆档案所反映的基建项目进行重大改建、扩建，产品改型、换代等，在这些情况下，原移交单位要向档案馆补送相关的科技档案。

第三节　档案的整理

使档案实体系统化、有序化的整理工作可称为档案的整序，它主要是通过分类来进行的。整序的过程就是对档案实体分分合合，将它们分层次组成全宗群、全宗、系列和案卷（或保管单位），并进行排列的过程。

一、区分全宗和全宗群

档案整理首先从区分全宗开始，因为档案信息的有机关联性首先是在全宗这一层次上体现出来的，全宗是档案馆对档案进行日常科学管理的基本单位。衡量文件的价值以决定是否选择它们进入档案馆的工作，是以全宗为基础进行的；为档案编目，保管、交接档案，也都要按全宗进行。全宗在馆藏建设和对档案实体施行控制的过程中有着举足轻重的地位。

全宗是一个国家机构、社会组织或个人在社会活动中形成的具有有机联系的档案整体。一个全宗，反映了一个单位或个人活动的全过程。同时，全宗也是档案馆（室）对档案进行科学管理的基本单位。

（一）确定全宗的构成方式

区分全宗实际上就是将产生于同一活动过程的档案集中在一起，以便使它们与其他各类档案区别开来。科学地确定全宗的构成方式是区分全宗的前提，而全宗的构成方式是指全宗围绕什么样的核心（主体还是客体）形成。因此，确定全宗的构成方式实际上就是在判断全宗范围和界限的基础上，确定全宗是围绕什么中心形成的。

然而，任何人类活动都是主体、客体之间相互作用的复杂过程，站在不同的角度，按不同的标准观察分析，对活动过程和文件据以形成的核心就必然会有不同的理解，得出不同的结论。机关档案室档案之所以应构成主体全宗，就是因为站在现行机关的立场上，必然把由本机关进行的全部活动看作以本机关主体为中心进行的完整活动过程。但是如果站在更宏观的角度，即站在档案馆的立场上，从全社会的范围观察分析，对此又可能会有不同的认识，而且不同类型的档案馆的服务目标和担负的任务不同，所体现的社会需求和用户整体利益也不同。站在其各自不同的立场上，分析形成全宗的人类活动过程和全宗本身的构成方式，结论必然不尽一致。

具体来看，立档单位不是固定不变的。由于社会的发展，事业的进步，常常引起一些机关的增设、撤销或合并，这些发展变化常常给全宗的划分带来一些新的问题，需要在实践中认真对待。这就要求在具体划分时应该研究立档单位的各种变化情况，辨别哪些变化是根本性的，应当产生新的立档单位和全宗；哪些变化是非根本性的，不应成立新的立档单位和全宗。

1. 临时性机构档案的区分全宗

各种临时性机构形成的档案，一般不设立新全宗。因为临时性机构的业务往往属于某机关或若干机关业务范围之内，存在的时间不长，形成档案的数量不多。个别的临时性机构，独立性较强，存在时间较长，其档案也可以考虑成立新的全宗。

2. 立档单位变化所导致的区分全宗

在立档单位的性质无根本变化的情况下，主要是分析基本职能是否有根本变化。

（1）新建。新建立的机关、企业、事业单位，它们的档案可以构成一个全宗。

（2）独立。当一个单位原属于一个立档单位，但后来这个单位被分离出去，负责原立档单位的部分职能。从它独立之后，它所形成的档案就可以构成一个新的全宗。

（3）合并。由两个或两个以上的撤销单位构成一个新的单位，这个新的单位一般与其原单位虽然前后存在一定联系，但在职能上却有明显差异，它们所形成的档案也应构成一个新的全宗。例如，我国在机构调整时，将中央粮食部和全国供销合作总社撤销，将它们合并到中央商务部，这样原中央粮食部、全国供销合作总社与中央商业部的档案应分别构成全宗。

（4）分开。当一个机关、单位被分割为两个或两个以上的单位，原来的机关、单位在分割之前应构成一个全宗。分割后形成的新机关、单位分别构成不同的全宗。

（5）合署。当两个单位合署办公，但其文件又是分开处理时，它们所形成的档案应分别构成全宗。例如，某市的纪委和监察局合署办公，但它们的文件又是分别处理的，它们所形成的文件也应构成不同的全宗。

（6）从属。当一个立档单位由于工作的需要，后来变为一个机关内部的组织机构时，改变之前形成的档案为一个全宗，改变后形成的档案为另一个全宗的一部分。

3. 组织全宗与个人全宗档案的区分

个人全宗与组织全宗中的档案在有些情况下会出现交叉现象，也就是说某些档案既有一定的个人属性，又体现出组织属性。如某个单位领导以个人名义发表的文件。对于这种情况，一般采用以下的处置方式：凡是以组织的名义制发的文件都应归入组织全宗，个人全宗如果有必要，可以保留副本；组织全宗中不保存个人性质的文件，如个人自传、对个人情况的调查文件等；决不允许将具有组织与个人双重性质的档案文件抽出归入个人全宗中。

（二）全宗群及其划分

联系密切的若干全宗的群体，称为全宗群。在我国，全宗的组织常常通过组建"全宗群"来体现和维系全宗之间的联系。各个立档单位的工作活动不是孤立的，而是互有联系的。因此，一定的全宗之间也就有了必然的历史联系。这种具有时间、地区、性质等共同特征的，有密切联系的若干全宗的组合体，称之为"全宗群"。具体来说，全宗群是指同一时期或地区，在纵向或横向方面具有相同性质的立档单位形成的若干个全宗构成的一个有机群体。组织全宗群的目的在于维护同一类型或专业系统的若干个全宗的不可分散性和保持文件材料在更大范围内的历史联系，便于管理和开发利用。

为了便于保管和利用，应该把互有联系的全宗组织到一起，维护一定类型全宗的不可分散性。全宗群首先按照档案形成的不同时期分为几大部分，如中华人民共和国成立前的档案和中华人民共和国成立后现行机关的档案，然后每一部分再按立档单位的类型和特点，对全宗进行细分。比如，按照立档单位的性质，把档案分成工业交通系统，农林水利系统，财政、金融、商业贸易系统，科学文化、教育、卫生系统等；或者按区域分类，分别组成全宗群。全宗群分类一般应和档案的分库保管相一致，一个或几个性质相近的全宗群应当集中保存在相同的档案库房内。全宗群不是具体对档案进行整理和统计的一个固定的实体单位，而是在档案管理中起指导和组织作用的一种形式和方法。

（三）全宗的编号

各个档案馆都保存有一定数量的全宗，为了便于各项工作的开展，除了要对全宗进行一定的组织外，还应给每个全宗编一个代号，称为全宗号。

全宗号是档号的组成部分，在档案数量、全宗数量增加以及检索工作发展的情况下，全宗号对于档案系统化整理、编目、检索有十分重要的作用。

1. 全宗编号规则

第一，对全宗进行编号，要考虑馆藏全宗的特点及管理的方便。根据全宗的类型和数量合理编号。

第二，应为新全宗的编号留有余地，避免因新入馆的全宗打乱整个编号体系。

第三，全宗号应力求简洁，方便实用，不能过于烦琐。

第四，全宗与全宗号之间一一对应，一个全宗只能有唯一的一个号码，便于统计和检索。全宗号数应能如实反映馆藏全宗数量和档案出处。

第五，已编好的全宗号不得任意更改，应保持其稳定。即使某一全宗的全部档案都已移出，该全宗号亦不得挪作他用，以免发生混乱。

2. 全宗编号方法

对全宗进行编号的方法有很多且各不相同，归纳起来主要有序时流水编号法和体系分类编号法两类。序时流水编号法是按全宗进馆时间的先后顺序编号。这种编号方法简单实用，比较客观，适合全宗量不大、全宗类型较单一的档案馆采用。体系分类编号法是对全宗先进行一定的分类或分组，再编号。这种编号方法逻辑性、系统性强，层次分明，能反映全宗本身的性质和特点，但编制较复杂，其号码不易分辨和记忆。这种编号方法适合馆藏全宗数量大，全宗的时间、地域跨度大，类型复杂的档案馆采用。这两种全宗编号方法各有优、缺点，在具体应采用哪种方法来编号时，档案馆应依馆藏全宗的状况而定。

全宗的编号与全宗在库房内的实际排列顺序有时一致，有时不一致。在一些规模较大、馆藏数量较多的档案馆，不一致的情况居多。全宗的排列可按全宗号顺序排列，也可按立档单位的历史时期、性质、所属系统、地区以及立档单位，名称的音序或笔画排列。在我国，通常按全宗群来排列，即把同一时期、同一系统或相同性质的全宗排列在一 * 起，以保持同类全宗之间的联系。一般来说，全宗的排列方法和次序对全宗的编号无决定性影响，当全宗在库房中的排放根据保管需要有所变动时，并不需要改变全宗号。但全宗号作为查找档案出处的一种手段，若与全宗的实际排列顺序相一致，则有利于迅速找到所需档案。

二、全宗内档案的系列划分和分类

（一）全宗内档案系列的划分

系列的划分在全部档案整理程序中是承上启下的环节。它不仅深化了由区分全宗开始的整序过程，而且为立卷及案卷排列等工作奠定了基础。分类必然是一个由总而细，从一般到个别的逻辑过程，如果不先分系列（或者说如果不事先拟订出全宗内的分类方案和分类规则并使文件据以自然的归类），反而先自下而上盲目地将文件组合堆砌成卷，势必造成各卷文件之间的交叉、重叠、混乱，以至于无法检索利用，并使编目和统计难以进行。

系列的划分包括选择分类方法、制订分类方案等具体内容，它是在区分全宗的基础上进行的。二者的区别在于：区分全宗是站在宏观角度，以整个档案馆已经和将要收藏进馆的档案为受控客体，其目标是保证档案反映同一活动过程的完整性；划分系列则是站在微观角度以某一全宗内的全部档案为受控客体，其目标是改善全宗内文件数量多、内容杂又巨细不分、仍不便于检索的现状，使之分别归入相互联系、相互制约、层次分明、结构严谨的类别系列中去，从而有可能系统地提供利用。

（二）全宗内档案的分类

1. 全宗内档案的分类原则

全宗内档案分类总的原则是要科学、客观、符合逻辑，能反映档案的形成特点和规律。具体分类原则如下。

（1）根据全宗的性质和特点，选择适当的分类标准。能够恰如其分地揭示档案间的内在联系，使整个分类系统具有客观性，组成一个有机的整体，系统反映出立档单位的活动面貌。

（2）类目名称应含义明确，具有系统性，有合理的排列顺序。必要时，对类目所指范围和归类方法应有说明，以保证分类的一致性。

（3）分类层次简明，类目不宜过细、过多。一般来说，类目划分到二级至三级，使之能包容一定数量的案卷。另外，划分类别时应留有伸缩余地，以便随实际需要增加或减少类别。

（4）分类体系的构成应具有逻辑性，遵守逻辑划分规则。一次分类只能使用一个分类标准，子类外延之和正好等于母类外延，子类之间必须界线清晰，不能互相交叉，类目概念应明确。

2. 全宗内档案的分类标准

全宗内档案的分类标准主要有文件的时间、来源、内容三种，每一标准下又有不同的分类方法。

（1）按文件产生的时间分类

按文件产生的时间对全宗内档案进行分类，可用年度分类形成不同年份的档案，也可按立档单位在发展过程中形成的不同时期（或不同阶段）形成不同档案类别。

（2）按文件的来源分类

按文件的来源对全宗内档案进行分类，可按立档单位的内部组织机构形成不同机构的档案，也可按文件的作者形成不同类别的档案，还可按与立档单位有较稳定的来往通信关系形成不同档案类别。

（3）按文件的内容分类

按文件的内容对全宗内档案进行分类，可按文件内容所说明的问题（事由）分类，也可按文件内容所涉及的实物分类，还可按文件内容所涉及的地理区域分类。

3. 全宗内档案分类方案的编制

全宗内档案分类的表现形式是分类方案，它是用文字或图表形式表示一个全宗内档案分类体系的一种文件。当选用了某种联合分类法以后，就应该编制一份分类方案（又称为分类大纲）。分类方案的编制，应该注意以下几点要求。

（1）排斥性

分类方案中同级的各类地位相等，内容互相排斥（不能你中有我，我中有你），类的范围必须明确。比如，按问题分类，所设问题各类地位相等，不能相互包括。第一类中设教育类，同位类就不能再设高等教育、中等教育类，因为教育类包括高等教育、中等教育，只能把它们设为属类。同级中设有人事类，就不能再设干部任免类。同样，既然设财务类，也就不能再设经费类。

（2）统一性

在编制分类方案时，首先要确定采用何种分类方法。第一级采用哪种方法，第二级采用哪种方法，都应明确规定、标示清楚。在同一级分类中，不能同时并列采用两种以上分类标准。比如，第一级分类是采用年度分类，就不能同时并列组织机构或问题名称。如果是采取两种分类法的联合，那么不仅分类的第一级是统一的，第二级也应该是统一的。比如采用年度—组织机构分类法，第一级分类是年度，第二级分类是组织机构。

（3）伸缩性

档案是社会实践活动的产物，而社会实践活动是丰富多彩的。工作内容时而增加，时而减少，组织机构时而撤销，时而合并，因此，分类方案中的各类均应留有伸缩的余地来增加或减少类别，以适应客观变化的需要。

为了使分类方案编制科学、实用，在编制分类方案前还应该做好调查研究工作，要查阅有关材料，了解立档单位的业务执掌。对于立档单位的组织章程、办事细则、工作计划与总结都要认真分析研究，从中了解和掌握立档单位的工作性质、职权范围、业务执掌，以便采取合适的分类方法；参考本单位原有档案，如果本机关已有旧卷应该对原有档案分类基础做周密研究并吸取其合理部分，以补充与修正现有档案的分类方案；还应多方征求意见，经机关负责人批准施行。科学而实用分类方案的形成，必须及时征求文书与业务承办人员的意见，集思广益。因为他们对文件的内容与成分比较熟悉，尤其是经办人员对事件、问题的处理过程，更有彻底的了解。分类方案实施以后，往往发生文件与分类方案不尽相符的情况，造成分类困难，应该随时交换意见，对分类项目或增或减，清除障碍，交领导人审核批准。

三、立卷和案卷排列

（一）立卷

全宗内档案分类并不以划分系列为其终结点，一个系列内众多的文件决定了必须进一步在其中分类，才能便捷地检索利用某一份文件。这种分类往往是通过立卷实现的。

档案不同于图书，单份文件是零散的、大量的，一般不宜作为独立的保管单位，而且文件之间常有密切的联系，若将有联系的文件随意分开，将会失去其原有价值。所以，在整理档案时，将若干互有联系的文件组合成一个有机整体，称"案卷"，将文件编立成案卷的过程称"立卷"或"组卷"。

案卷是密切联系的若干文件的组合体，它是档案基本的保管单位。通常也是统计档案数量和进行检索的基本单位之一。案卷是组成全宗的基本单位。立卷是档案整理工作的重要基础。立卷工作的好坏、案卷质量如何，是衡量档案整理工作水平的重要标志。

立卷工作的内容包括组成案卷单位，拟写案卷标题，卷内文件的排列与编号，填写卷内文件目录与备考表，案卷封面的编目与案卷的装订等工作内容。目前，我国文书档案基本的立卷方法是"六个特征立卷法"，即根据文件在问题、作者、时间、名称、地区和通讯者特征六个方面的共同点将文件组合成案卷的方法。比如，把同一个作者的文件组成一卷；把同一个会议的文件组成一卷等。按照文件的六个特征立卷时，一般不单一地采用某个特征组成案卷，而是综合分析文件之间的关系，选择其中最能说明客观情况的几个特征作为组卷的依据。

此外，在实际工作中还有一些其他的立卷方法，如将文件按照"事"或"件"组卷的"立小卷法"以及"四分四注意立卷法"等，其具有各自的特点，也是比较适用的立卷方法。

国家档案局发布了行业标准《归档文件整理规则》，推行"以件为单位"的立卷方式。其操作方法是：将归档文件按"件"装订后，按事由结合时间、重要程度等排列（会议文件、统计报表等成套性文件集中排列）；然后，编顺序号，装入档案盒，填写档案盒封面、盒脊及备考表项目。这种立卷方式需要借助计算机系统进行数据登记，才能便于日后的查找利用和管理。

（二）编制卷内文件目录

卷内文件目录是固定立卷成果，揭示卷内文件内容，检索卷内文件的工具，应放在卷文件之首。从性质上分析，编制卷内目录属智能控制范畴。如果用计算机编目，应该先对每份卷内文件进行著录，然后将著录结果按档号排序，以卷为单位打印成书本式目录，即成卷内目录。在手工条件下，这道工序可暂时按传统习惯，包括在立卷过程中，即在案卷编好页码后，于专门印制的表格上，按照排就的顺序，对每份文件逐项著录。其著录项目，按目前的习惯做法是：文件责任者、文件题名（或内容摘要）、文件字号、文件日期、文件份数、文件在卷内的页码、备注等。

（三）案卷排列与编号

全宗内档案（或档案馆、档案室接收的案卷），经分类、立卷以后还必须进行系统的排列。全宗内各类的序列，已在分类方案中排定，所以通常所说的案卷排列，就是根据一定的方法，确定每类内案卷的前后次序和排放的位置，保持案卷与案卷之间的联系。案卷排列方法有以下几种。

按照案卷所反映的工作上的联系来排列。

按照案卷内容所反映的问题来排列。

按照案卷的起止日期（时间）来排列。

按照案卷的重要程度排列。

按照文件的作者、收发文机关以及文件内容所涉及的地区排列。

人事档案或监察、信访等按人头立成的案卷，可以按姓氏笔画、汉语拼音字母顺序或四角号码等方法排列。

上述几种排列方法可以单独使用，也可结合使用。对于不同类型、不同保管期限的档案，在案卷排列中应予以区分。

案卷排列完后应按排列次序编上案卷号，固定案卷的排放位置。案卷号作为档号的组成部分可提供案卷的出处。现行单位大多采取一个组织机构的案卷每年编一个顺序号的办法，或是整个单位一个年度的全部案卷编一个顺序号。历史

档案、撤销单位的档案不再形成新的档案，可把一个全宗内所有的案卷统一编号。

四、编制档号

档号是档案馆（室）在整理和管理档案过程中，以字符形式赋予档案的代码。档号主要是表示类别及其相互关系的一组符号。在档案的整理、统计、检索、提供利用以及库房日常管理等业务活动中都要运用和借助档号。档号通常包括全宗号、案卷目录号、案卷号、件号、页号。这几种编号，不仅对档案的管理和提供利用有着现实的、制约的作用，而且对于档案工作的规范化和现代化也是不可忽视的。各立档单位在编制档号的实践中，可参照行业标准《档号编制规则》执行。

具体来看，全宗号一般用四个符号标志，其中第一个符号用汉语拼音字母标志全宗档案门类，另三位代码用阿拉伯数字标志某一门类全宗顺序号。全宗号一经编定，就不要轻易变动。档案馆内的全宗号应该是固定不变的，即使某一个全宗全部移交出去了，该全宗号在档案馆内仍然保留着。全宗号有三种编法：一是按系统编号，如政法、工交、农林、财贸、文教、科技等；二是按立档单位的重要程度编号；三是按进馆的先后顺序编号。实践证明，前两种方法对于同时进馆的全宗是适用的，但是有新的全宗进馆，就会被打乱或冲破。第三种方法简便易行，比较实用。

案卷目录号一般采用流水顺序编号法，必要时可在顺序号前加上表示档案保管期限、载体形态等特征的代字。如"永13"表示确定为永久保管的第13号目录。每一案卷目录

所含案卷数量不超过 100 卷时，不另立案卷目录。案卷目录内案卷数量超过 999 卷时应另立案卷目录，另编案卷目录号。

案卷号是管理档案中最常用的基本代号，是著录案卷目录内每一案卷的流水编号，因此确定案卷号要确定卷内每个案卷的前后次序和排列位置。

件号或页号是文件立卷以后，进行卷内文件的排列，给每份文件以固定的位置，用数字固定文件前后次序的代号。案卷不装订成册时应编制件号，其间不许有空号。

第三章　档案的鉴定与保管

第一节　档案鉴定与保管工作的内涵

一、档案鉴定工作的内涵

（一）档案鉴定工作的含义与意义

档案鉴定工作包括档案的价值鉴定和档案的真伪鉴定两个方面的内容。目前，档案界所称的档案鉴定主要是指档案的价值鉴定，即各个档案机构按照一定的原则、标准和方法来鉴别和判定档案的价值，确定档案的保管期限，并据此销毁失去保存价值的档案的工作。

在档案管理中，开展档案鉴定工作有着十分重要的意义，具体表现在以下几个方面。

1. 便于明确档案是否需要进行保管以及保管的年限

一方面，对档案进行鉴定有比较大的难度，要持续地对文件的保存价值进行甄别，并对文件的保管期限以及所属案卷进行划定，实际上是对某一特定文件在未来是否具有重要的作用进行预测。这种预测要想做到完全准确是极为困难的，但档案鉴定工作又要求这种预测尽可能准确。档案鉴定工作者必须具备较为完善的有关档案鉴定的专门知识、较高的档案鉴定能力。这样一来，他们就能够借助于档案利用反馈信息，对各种文件今后可能发挥的作用做出尽可能准确的估计，从而确定存毁和保管的年限。因此，档案鉴定工作是决定文件存在和销毁的工作，这是它与其他管理环节不同的一个重要方面。另一方面，由于档案是不同的组织和人物在特定的历史活动中形成的原始记录，所以档案馆（室）所保存的档案，大多数是不重复的，这是档案部门与图书、情报、资料单位的区别之一。如果对文件的价值判定不准确，错误地销毁了有用的档案，将会造成难以弥补的损失。在整个档案工作中,档案鉴定工作以其难度较大和严肃性强而显得十分突出,因此开展这项工作必须十分慎重和认真。

2. 便于应对突发事件

突发事件主要是指水灾、火灾、地震、战争等天灾人祸。如果不开展鉴定工作,致使有保存价值的和无保存价值的,以及保存价值大的和保存价值小的档案混杂在一起,一旦发生突发事件,不易及时抢救重要的珍贵档案,甚至"玉石俱毁"。通过鉴别档案的价值,则可分清"玉""石",区别主次,有利于在必要时有重点地保护和抢救档案,力求它们的完整和安全,并尽可能地减少档案的损失。

3. 便于查找利用有价值的档案

对档案进行保存,一个重要的目的就是便于对档案进行利用。若是不论档案是否具有价值都存放在一起,则查找需要的档案(有价值的档案)会变得十分困难。因此,很有必要开展档案鉴定工作,对有价值的档案进行保存,这样人们在查找档案时便会较为容易。

(二)档案鉴定工作的内容

通常而言,档案鉴定工作要包括以下几方面的内容。

第一,制定鉴定档案价值的统一标准及各种类型的档案保管期限表。

第二,具体分析档案的价值,划分和确定不同保存价值的档案的保管期限。

第三,挑出无保存价值的文件或档案予以销毁或做相应的处理。

(三)档案鉴定工作的原则

在展开档案鉴定工作时,需要遵循一定的原则,具体来说有以下几条。

1. 利益性原则

档案作为一种历史文化财富,是属于整个国家和人民的,而且档案的存在与作用发挥会关系到国家各方面的利益。因此,在开展档案鉴定工作时,必须遵循利益性原则,即要站在国家和人民的整体利益的角度对档案的价值进行衡量,绝不能以个人的好恶和小团体的利益为准则来衡量档案的价值。

2. 全面性原则

档案鉴定工作的全面性原则,具体表现在以下几方面。

(1)要综合档案的各个方面对档案的价值进行判定

实际工作中形成的文件,其构成要素是不尽相同的,大量文件是因其内容重要而具有较高价值的，而在分析档案价值时通常应结合文件的来源、形成时间等因素才能获得比较正确的认识。同时，有的文件或因时间久远、或因载体特殊、或因有名人手迹等因素而价值增高，因此在分析档案价值时，只有全面兼顾文件的内外特征，才能准确判定档案的价值。

（2）要全面把握被鉴定档案与其他档案之间的关系

各个单位、各项工作中形成的文件之间具有密切的联系，因此在鉴定档案时，不要孤立地判断单份文件的价值，而应将有关的文件材料联系起来分析，然后再做出判断。只有这样，才能准确理解档案的内容和用途，从而对其价值做出，正确的判断。

（3）要对档案的社会需要进行全面预测

档案能够对社会的多种需要进行满足，而且社会对档案的需要也是多角度、多方面的。也就是说，某一档案对某一单位来说有利用价值，但对其他单位来说则没有利用价值；对某，方面意义不大的档案，可能对其他方面具有重要的查考利用价值等。这就决定了档案鉴定工作要综合考虑社会多方面的需要，切忌只根据某个方面的需求来判定其价值。

3. 历史性原则

档案是人类从事实践活动的产物，其形成总是依托于一定的历史环境。也就是说，档案的内容、形式与其形成的历史条件有着密切的联系。因此，在对档案的价值进行鉴定时，要将档案放到它所形成的历史环境中进行分析，并结合当前和将来的利用需要来考虑其保存价值。

4. 发展性原则

社会对档案的利用需求是动态变化的，而且档案的价值本身具有一定的时效性。因此，在对档案的价值进行鉴定时，要有发展的眼光，既要看到其现实作用，又要看到其长远作用，继而对档案的价值进行科学预测。

5. 效益性原则

效益性原则是指在对档案的价值进行鉴定时，要考虑到收益与付出之比。只有当档案发挥的作用超过因保存档案所付出的代价时，才能判定其具有保存价值。

6. 规范性原则

规范性原则要求机构、组织开展档案价值鉴定工作，应自觉遵从国家法律、法规、行政规章、地方规章及地方法规的有关规定。机构、组织及各级各类档案管理部门开展档案价值鉴定工作，应依据《中华人民共和国档案法》《中华人民共和国档案法实施办法》

《机关文件材料归档范围和文书档案保管期限规定》《企业文件材料归档范围和档案保管期限规定》，各专业主管部门制定的相关实施细则、部门规章，地方人大和人民政府制定的行政规章、行政法规等规范性文件中的有关规定，并注意遵循"法无规定即禁止"的原则要求。

（四）档案鉴定工作的标准

档案的价值具有客观性，而人们在对档案的价值进行鉴定时，却有着很强的主观性。因此，为保证档案鉴定工作的科学性、客观性和准确性，必须制定档案鉴定工作的标准。具体而言，档案鉴定工作的标准应包括以下几个方面。

1. 档案的来源标准

档案的来源是指档案的形成者，档案形成者在社会上以及机关的地位、作用和职能可以影响甚至决定档案的价值。根据来源标准对档案的价值进行鉴定时，以下几方面应特别予以注意。

第一，要注意区分不同的作者。一般情况下，应该注意主要保存本单位制成的文件。对于外来文件，则应具体分析来文单位与本单位的关系，以及来文内容与本单位职能活动的关系。通常情况下，有隶属关系机关的来文比非隶属机关的来文值得引起重视；本机关主管业务的、需要贯彻执行的文件比非本机关主管业务、参与性文件价值要高。

第二，要分析本单位制成的文件的作者的职能。在本单位制成的文件中，单位领导人、决策机构、综合性办公机构、主要业务职能机构、人事机构、外事机构制发的文件能够比较直接地反映本单位的主要职能活动和基本情况，因而具有长久保存价值文件的比例比较高；而一般行政事务性机构、后勤机构及某些辅助性机构所制发的文件中具有长久保存价值的文件比例则比较低。

第三，要分析档案馆接收对象的地位和作用。档案形成者的地位、作用和职能情况是各级各类档案馆确定档案收集范围的基本根据。一般来说，一个地区政府机关的档案，在本地区影响较大的、具有典型性和代表性的单位的档案，以及著名人物的档案等价值较高，长久保存的比例较大；而基层单位形成的档案，普通人士形成的档案，其价值则较低，长久保存的比例较小。

2. 档案的职能标准

在对档案的价值进行鉴定时，依据其职能标准就是依据立档单位在整个政府系统中所具有的地位及其重要性。也就是说，最高级别的机关所形成的档案相比一般机关所形成的档案来说，会具有更大的价值。同时，立档单位的级别与地位不同，其所形成的档案的保管期限也会有一定的差异，通常是级别越高所保存的永久档案越多。此外，机关档案部门在保存档案时，要尽可能确保其能够对本机关的存在、发展以及历史作用进行证明，能够对本机关的职能起到凭证或评价的作用。也就是说，机关档案部门所保存的档案要能够充分反映本机关的发展演变及其职能演进。

3. 档案的内容标准

档案的内容指的是档案所记载的事实、现象、数据、思想、经验、结论等，其最能体现档案的价值。在依据内容对档案的价值进行判定时，除了要分析档案内容的真实性、完备性外，还要注意分析以下几方面内容。

第一，分析档案内容的重要性。档案是对既有事实的记载，而这些事实本身的重要程度直接影响档案的价值。一般来说，反映方针政策、重大事件、主要业务活动的文件比反映一般性事务活动的文件重要；反映全面情况的文件比反映局部情况的文件重要；反映本单位主要职能活动、中心工作和基本情况的文件比反映非主要职能活动、日常工作和一般情况的文件重要；反映典型性问题的文件比反映一般性问题的文件重要。在工作、生产、科学研究、维护权益以及总结经验方面具有凭证查考作用的档案，多具有较高的价值。

第二，分析档案内容的独特性，即分析档案是否具有独特的、新颖的内容。事实证明，越具有独特且新颖的内容的档案，其对利用者的吸引力就越大，价值自然也越大。此外，档案内容的独特性要求档案馆（室）在保存档案时，要最大限度地减少馆藏档案的重复现象，为此必须控制普发和多发文件的进馆。

第三，分析档案内容的时效性。档案作为处理事务、记录事实、传递信息的手段，在行政上、业务上等都具有时效性。档案的时效性对档案的价值产生直接影响，因此在鉴定档案价值时，应该通过分析文件内容的时效性及其变化情况来判定文件价值。

4. 档案的形式标准

档案的价值在某些情况下与其自身形式具有一定的关系，因此档案的形式也是对其价值进行鉴定的一个重要依据。这里所说的档案的形式，主要包括以下几方面的内容。

第一，文件的名称既影响着文件的作用，也对文件的价值具有一定的影响。通常而言，能够对重要的方针政策、重大事件等进行反映，具有较高权威性的文件的价值较大，如命令、决定、纪要、条例等；而用于对一般事务进行处理的文件的价值相对来说比较低，如简报、通知、来往函件等。

第二，文件的形成时间对档案的价值也有一定的影响。年代越久远的档案，其价值就越大。这是因为档案产生的时间越早，保留下来的就越少。此外，在国家或机关重要历史时期形成的文件具有特殊保存价值。

第三，文件的稿本不同，其保存价值也会有一定的差异。文件的稿本，即文件是草稿还是定稿，文件是正本还是复印本等。比如，草稿、修正稿都不是定稿，从法律上来说并不具有效力，因而通常没有保存的必要。但是，在某些情况下，如国家重要领导人直接对草稿、修正稿进行了修改与批示，则这样的草稿、修正稿需要进行保存。

第四，文件的外观类型，即文件制成材料、记录方式、笔迹、图案等，它们的特殊性在一定程度上也影响档案的价值。比如，有些文件因载体材料的独特、古老、珍稀而具有文物价值；有些文件因出自书法家之手或装帧华美而具有艺术价值等。因此，在鉴定档案时，对于外观类型独特的文件要通过具体分析其特殊意义才能判定价值。

（五）档案鉴定工作的程序

在开展档案鉴定工作时，通常而言应遵循下面的程序。

1. 文件归档鉴定

这是各单位对于处理完毕的文件所进行的划定归档范围的工作。归档鉴定所依据的原则是国家档案局发布的《机关文件材料归档范围和文书档案保管期限规定》的内容。各个单位也可以根据国家的规定确定本单位的归档范围。这项工作通常由单位的文书人员或秘书人员承担。

2. 划定文件的保管期限

由于各种因素的影响，同属于一个归档范围的文件常具有不同的保管期限，为此，在确定归档范围之后还需要对文件划定具体的保管期限。这项工作也应由单位的文书人员或秘书人员承担。

3. 档案价值复审

除了永久保存的档案外，其他定期保存的文件在保管期满之后，需要对其价值进行复审，以确定是继续保存还是予以淘汰。档案价值复审主要采取两种形式：一是到期复审，即对于短期或长期保管的档案，在保管期满后重新审查其是否确实丧失了保存价值，对保管期满档案的复审周期可以逐年进行，也可以若干年度进行一次；二是移交复审，即档案室向档案馆移交档案时，档案室人员和档案馆接收人员共同对所移交的档案的保管期限进行的审查工作。

4. 销毁无价值档案

对于经归档鉴定和价值复审确认为没有保存价值的档案，应按照规定的手续和方法予以销毁。这项工作通常由档案部门承担。

二、档案保管工作的内涵

(一)档案保管工作的含义与意义

档案保管工作是指在档案入库后所进行的存放、日常维护和安全防护等管理工作。开展档案保管工作,目的是维护档案的完整,并尽可能保护档案不受损害。

在档案管理中,开展档案保管工作有着十分重要的意义,具体表现在两个方面:一方面,档案保管工作有助于对真实的历史进行反映。档案中所记录的是真实的历史,只有将这些档案原件保管好,使这些档案的内容永久保存,才能够对历史的原貌进行真实反映、方便国家在未来开展工作时对这些档案进行有效利用;另一方面,档案的寿命与档案保管工作具有密切的关系,当保管工作适宜且得当时,档案的寿命会相对延长,反之则会缩短档案的寿命。因此,必须要有效开展档案保管工作。

(二)档案保管工作的任务

档案保管工作的任务,具体来说有以下几个。

1. 防止档案的损坏

档案保管工作的基本原则就是"以防为主,防治结合",其中,防是档案保管工作中的根本问题,要防止人为地破坏档案,防止各种不利因素损毁档案,特别是对重要档案、核心档案,要注意重点保护,立足于防,最大限度地消除各种不利因素的影响。

2. 延长档案的寿命

要从保管工作制度、办法及技术处理措施上,提出保护档案的具体要求,延长档案的寿命,以适应档案长期保存的需要,从而有利于档案的长远利用。

3. 维护档案的安全

档案的安全主要涉及两方面的内容:一方面是档案实体的物质安全;另一方面是档案内容特别是机密内容的政治安全。因此,在开展档案保管工作时,必须积极采取有效措施来维护档案的安全。

4. 建立和维护档案的存放秩序

为了使档案入库、移出、存放井然有序,能够迅速地查找档案,并随时掌握档案实体的状况,档案室(馆)要根据档案的来源、载体等特点,建立一套档案入库存放的规则和管理办法，使档案无论是在存放位置上还是被调阅移动，都能够处于一种受控的状态。

（三）档案保管工作的内容

档案保管工作主要包括以下几方面的内容。

1. 正确认识和全面把握档案的安全现状和破坏档案的各种因素

档案的安全现状和破坏档案的各种因素直接影响着档案保管工作的内容。首先，正确认识档案的安全现状，包括了解馆（室）藏档案进馆（室）前后的保管措施、保管过程、有无损坏、损坏程度如何等，以便于确定今后的工作目标和工作内容；其次，破坏档案的因素多种多样，表现形式不一，对档案损坏的过程和损坏程度不同，只有全面把握威胁档案安全的各种因素的特点、表现形式，工作才能有的放矢，有针对性地将各种因素对档案的破坏降至最低。可见，正确认识和全面把握档案的安全现状和破坏档案的各种因素，是对工作对象和工作先天影响因素的深入剖析，回答了"管什么""为什么管"的问题，是档案保管工作有效开展的前提。

2. 提供档案保管的基本物质条件

档案安全、妥善的保管，离不开基本的物质条件。基本物质条件的好坏，直接影响着档案的寿命。良好的物质条件保证，有利于档案的长久保存；反之，恶劣的物质条件，直接危害档案的安全。

确保档案妥善保管的基本物质条件包括档案库房、档案装具、档案保管的设备、档案包装材料等，这些条件要满足有利于档案长久保存的原则、规范和标准。不同载体的档案，如纸质档案、胶片档案、磁性载体档案、光盘档案、电子文件等材料和形成原理不同，影响其耐久性的因素不同。因此，在保管中档案库房、装具、设备等基本保管条件也存在较大的差异，尤其对于电子文件，如何在保管中确保其长期可读、可用，已成为档案保管工作的新内容。

3. 制定和完善档案保管的各项制度和标准

制定关于档案保管工作的制度，有利于档案工作者和档案利用者规范自己的行为，明确在档案保管和利用过程中应该做什么、如何做，有何责任和义务，避免人为原因造成的对档案的损害，最大限度地保护档案。

档案保管工作标准有利于工作的规范化，有助于降低工作成本，减少工作中因人而异产生的对档案保管的变化，有利于为档案保管创造最佳的条件和环境。在档案保管工作中，从国家到地方各级各类档案馆（室）应形成完整的档案保管工作制度和标准体系，以实现档案保管工作的标准化和规范化，维护档案的完整与安全。

4. 做好日常的档案保管工作

日常档案保管工作从内容方面来看，包括防盗、防水、防火、防潮、防尘、防鼠、防虫、防高温、防强光、防泄密等；从工作地点来看，包括档案库房中的保管和档案库房外的保管。在库房外的保管，又可分为在流通传递中的保管和在利用中的保管。在库房中的保管，主要由档案工作人员来完成；而在库房外的保管，则需要档案工作人员和档案利用者共同来实现。因此，使利用者同样以"爱惜"的态度，科学合理地利用档案也是日常档案保管工作的重要内容。日常档案保管工作繁杂琐碎，但又是档案保管的基础性工作，因此，需要档案工作人员精益求精、细心、耐心地来实现。

5. 开展有针对性的档案保护工作

采用专门的技术和方法对受损程度较大、有重要价值的或其他急需修复的档案进行保护，延长档案的寿命，这是档案保管工作的一项重要内容。

对档案产生破坏的种种因素中，虽然有些因素是我们难以控制的，但我们可以采取相应的保护措施，利用先进的技术，将损失降到最低。例如，通过纸质档案修裱技术能帮助破损的档案恢复原貌，已成为抢救档案的一项不可缺少的且具有中国特色的专门技术。这些专门的保护措施专业性较强、技术性较强，且细微细致，需要专门的人才，需要大量的财力、物力的保障，但它在延长档案寿命等方面发挥着重要的作用。因此，每个档案馆（室）在做好日常保管工作的同时，应根据馆藏状况，有针对性地开展档案保护工作纳入档案保管工作的整体规划。

（四）档案保管工作的要求

档案保管工作的要求，具体而言有以下几个。

1. 注重日常管理工作

在开展档案保管工作时，需要做好档案库房的日常管理工作，包括归档和接收的案卷及时入库；调阅完毕的案卷及时复位；定期进行案卷的清点和检查，发现问题及时处理。只有持之以恒地坚持严格的日常管理，才能保证库房内档案的良好状态。

2. 重点与一般兼顾

档案的保管期限与其自身所具有的价值有着密切的关系，因而在开展档案保管工作时，要遵循重点与一般兼顾的要求。对于单位的核心档案、重要立档单位的档案、需要长久保存的档案，应该加以重点保护，尽量延长档案的寿命。同时，对于一般性、短期保存的档案也要提供符合要求的保管条件，确保其在保管期限内的安全和便于利用。

3. 预防为主，防治结合

在档案保管工作中，保护档案实体安全的方法概括起来主要有以下两种：一是如何预防档案实体损坏的方法；二是当环境不适宜档案保管要求时或当档案实体受到损坏后如何处置的方法。在归档或接收的档案中，实体处于"健康"状态的档案占绝大多数。因此，在档案保管工作中，要积极"预防"档案受到各种不良因素的破坏。我们应该采取各种措施，确保这些档案的长期安全。同时，还应该通过加强日常管理和检查，及时发现档案实体出现的"病变"情况，以便于迅速地采取各种治理措施，阻断或消除破坏档案的有害因素，修复被损害的档案，使其"恢复健康"。预防为主，防治结合，才能全面保证档案实体的安全。

4. 立足长远，保证当前

对档案进行保管，最为重要的一个目的便是方便国家及相关单位对其进行利用。因此，在对档案进行保护时，必须充分考虑到档案的利用特别是未来利用，不可只关注眼前方便利用而危害未来的长远利用。也就是说，在进行档案保管时，必须遵循"立足长远，保证当前"的要求，以切实处理好档案的当前利用与长远利用的矛盾。

（五）档案保管工作的物质条件

档案保管工作的有效开展，必须要以一定的物质条件为支撑。档案保管工作的物质条件即档案保管所需的一切物质装备，具体包括以下几方面的内容。

1. 档案库房

档案库房是档案保管最基本的物质条件，是档案保管中长期起作用的因素，其质量直接影响档案保管中各项设备的采用与效果。为此，国家档案局制定了《档案馆建筑设计规范》，作为档案管理机构建设档案库房的标准。

在实际工作中，因受职能、规模、财力等因素的限制，各档案室（馆）在库房建筑配置上不可能完全一致，因此应该分情况解决。档案馆应该按照《档案馆建筑设计规范》的要求建造档案库房；档案室在档案库房的选址或建造上也应该尽量向《档案馆建筑设计规范》的要求靠拢。在无法达到其要求的情况下，也必须满足以下几方面的要求。

第一，档案库房要有足够的面积，开间大小要合适。

第二，库房必须专用，不能与办公室合用，也不能同时存放其他用品。

第三，档案库房必须是坚固的正规建筑物，临时性建筑不能作为档案库房。

第四，档案库房应该远离火源、水源和污染源，符合防火、防水、防潮、防光、防尘、隔热等基本要求。

第五，档案库房的门窗应具有良好的封闭性。

2. 档案包装材料

档案的包装是非常重要的，它既可以有效地防止光线、灰尘、有害气体对档案的直接危害，也可以减少管理过程中对档案的磨损。现在通用的国家标准的档案包装形式有三种：一是卷皮，它是包装文件的基本方式，分为软卷皮和硬卷皮两种。卷皮不仅是为了保护文件，同时它本身也是案卷的封面，方便查找利用；二是卷盒。采用卷盒来保管案卷在目前是一种比较好的方法，它不仅能够防光、防尘和减少磨损，同时科学的卷盒也便于管理。但是制作卷盒费用比较大，因此，一般只对珍贵的档案用卷盒包装；三是包装纸。有些文件可以用比较结实的纸张把它包装起来，但这只是一种临时措施。

3. 档案装具

档案装具是指用以存放档案的柜、架、箱，它们是档案室（馆）必需的基本设备。档案装具应该坚固耐用、存取方便、密封良好，并有利于防水、防火等，因此最好用金属材料制成。

目前的档案装具中，活动式密集架在有效利用库房空间、坚固、密闭方面具有较好的性能。活动式密集架平时各架柜合为一体，调卷时可以手动或自动分开，比常规固定架柜节省近 2/3 的库房面积。新建库房如果使用活动式密集架则可比使用常规固定架柜节省近 1/3 的建筑费用。但是，安装活动式密集架要求地面承重能力较大，还必须考虑整个建筑物的坚固程度以及使用年限等相关因素。

4. 档案保管设备

档案保管设备是指在档案保管、保护工作中使用的机械、仪器、仪表、器具等技术设备，主要有空调机、去湿机、加湿器、温湿度测量及控制设备、报警器、灭火器、电脑、复印机、装订机等。

5. 消耗品

消耗品是指用于档案保管工作的易耗低值物品，如防霉防虫药品、吸湿剂、各种表格及管理性的办公用品等。

档案库房、包装材料、装具、保管设备和消耗品在档案保管工作中构成一个保护链条，共同发挥着为档案创造良好环境、防止档案受侵害、维护档案完整和安全的作用。因此，档案室（馆）在开展档案保管工作时，应根据档案保管的整体要求和自身的情况，本着合理、有效、实用、节约的原则对这些物质条件进行配置。

第二节　档案鉴定工作的制度和组织研究

一、档案鉴定工作的制度

为了保证档案鉴定工作的质量和防止有意破坏档案，使档案的鉴定和销毁工作有组织、有监督地进行，必须建立和健全档案鉴定工作制度。通常而言，档案鉴定工作制度应包括以下几方面的内容。

（一）制定档案鉴定工作的标准

档案鉴定工作必须以一定的标准为依据。通常而言，档案鉴定工作要由国家及其档案行政管理机关制定统一的鉴定标准，各地区、各系统、各机关据以制定具体的鉴定标准。

（二）建立档案鉴定工作的组织

在明确了档案鉴定工作的标准之后，就需要进一步有组织、有领导、有计划地开展档案鉴定工作。档案室和档案馆的档案鉴定工作，必须有组织、有领导地进行。机关的档案鉴定工作必须在机关办公厅（室）主任的主持下，由档案部门和有关业务部门组成鉴定小组共同进行，鉴定工作结束后，应提出工作报告。档案馆对无须继续保存的档案进行鉴定和处理须征求有关部门的意见，并经领导机关批准。

（三）制定销毁档案的批准制度和监销制度

机关应定期对已超过保管期限的档案进行鉴定，鉴定工作结束以后，应提出工作报告，对确无保存价值的档案进行登记造册，经机关领导人批准后销毁。档案馆经过鉴定需要销毁的档案，必须报请主管领导机关的批准。

在制定销毁档案的批准制度和监销制度时，还需要制定完整的档案销毁制度，具体包括以下几方面的内容。

1. 编制档案销毁清册

档案销毁清册是登记经鉴定需要销毁档案的内容、成分、数量的表册；其作用是提供给有关领导人或有关领导机关对需要销毁的档案进行审查和批准，以及日后作为查考档案销毁情况的依据。

档案销毁清册封面的项目有全宗号、全宗名称、编制档案销毁清册单位名称、编制时间等。档案销毁清册主表的项目有序号、年度、档号、案卷或文件题名、文件数量、原保管期限、销毁原因、鉴定时间、备注等。

2. 编制立档单位和全宗简要说明

为了便于本单位领导人或主管领导机关了解待销毁档案的情况，做出正确的决定，档案馆（室）还需要编制立档单位和全宗简要说明。立档单位和全宗简要说明的内容包括立档单位和全宗历史概况、档案所属年代及其保管期限、销毁档案的数量及其内容、档案鉴定的概况和销毁档案的主要理由等。销毁档案的数量及其内容部分可以粗略地分类进行介绍。档案馆（室）应将立档单位和全宗简要说明与档案销毁清册一并向本单位领导人或主管领导机关送审。

3. 明确销毁档案的方法

准备销毁的档案在未获批准之前应单独保管，以便审批时对其进行检查，或不批准销毁时恢复保存。准备予以销毁的档案经批准后，一般可将其送往造纸工厂做纸张原料。若档案室（馆）远离造纸厂或待销毁档案特别机密，则可采取自行焚毁的方式。

为保守国家的机密，严禁将需要销毁的档案做其他用途，更不允许作为废旧纸张、书刊出卖。

销毁档案无论采取何种方式，均需指派两人以上执行监销任务。档案监销人员在销毁现场监督，直到确认档案已经销毁完毕，然后在销毁清册上注明销毁方式、"已销毁"字样和销毁日期，并签字，以示负责。

对于已经获批准确定销毁的档案，为慎重起见，不必立即执行销毁，可以"暂缓执行"，搁置一段时间，经审查没有发现问题后再实施销毁。

二、档案鉴定工作的组织

目前来说，档案鉴定工作的组织主要有两类，即档案鉴定小组和档案鉴定委员会。

（一）档案鉴定小组

档案鉴定小组是现行单位的档案鉴定工作组织，现行单位一般由机关档案室会同文书处理部门、有关业务部门人员和部门领导或分管领导共同组成"档案鉴定小组"，负责档案的鉴定工作。其具体职责如下。

第一，讨论和制定档案鉴定计划和具体的档案鉴定标准，如本单位的《档案保管期限表》。

第二，实施组织和具体操作本单位的档案鉴定工作，并就档案鉴定工作中遇到的疑难问题做出决断。

第三，评议档案鉴定结果并提出评估意见，并为单位领导最后审批鉴定报告提供依据。

（二）档案鉴定委员会

档案鉴定委员会是档案馆的档案鉴定工作组织，一般由档案馆馆长、馆内有关业务人员、同级档案行政管理机构相关人员共同组成，在具体鉴定某一部分档案时，还应邀请有关单位的人员参加。由于档案馆保存的档案大多都是经过鉴定的，因此，档案馆的鉴定工作一般主要表现为对需要永久保存的档案加以复审，对保管期限已满的档案进行销毁鉴定，具体审查销毁清册，并对档案的存毁做出决定。但是，档案馆内往往也保存着一些以前没有经过鉴定的文件，对这些文件的鉴定往往需要档案鉴定委员会领导监督有关鉴定事项的正常进行。

第三节　档案的库房管理

档案库房管理工作是档案保管工作的主要内容，做好经常性的、具体的库房管理工作，是做好档案保管工作的基础，是整个档案工作顺利进行的必要条件。具体而言，档案的库房管理需要做好以下几方面的工作。

一、确保库房建筑符合档案长期安全保管的要求

档案库房是长期保管档案的重要基地。库房建筑是否符合档案长期安全保管的要求，将直接影响到档案的保护环境，影响到档案的寿命。一个建筑布局合理的库房，不仅可以延长档案的寿命，同时也能大大降低档案保管费用。因此，库房建筑对于档案的保护是有重要影响的。为此，在选择库房建筑的地址、形式等时，都需要符合一定的要求。

（一）库房建筑的地址

档案库房建筑地址的选择是一个既重要又复杂的问题，通常来说应符合以下几方面的要求。

第一，库址应选在地势较高、场地干燥、排水通畅的地段，不应选在江、河、湖泊或地势低洼的地方，也不应选在地下水位高的地方。

第二，库址应选在空气清洁和空气流通的地段，不应选在工矿企业区，也不应在其下风处，以避免有害气体及灰尘对档案的不利影响。

第三，库房在档案馆中应集中布置，自成一区，与其他建筑应有一定的距离，不应选在邻街位置，也不应选在易爆物附近，以确保档案的安全与防火要求。

第四，库房周围应适当留有用地，以满足不断扩建的需要。

在实际选择库房地址的工作中，各种要求往往难以同时满足，有些要求甚至还会相互矛盾，因而选择库址应从实际出发，权衡利弊，慎重考虑，最后做出正确的选择。

（二）库房建筑的形式

档案库房是一种特殊建筑，它既不同于民用建筑，也不同于一般的仓库。由于档案本身的价值，要求档案库房不仅能存放档案，而且能将档案长期或永久地保管下去，这就必然要对档案库房建筑在防热、防潮、防光、防有害气体等方面提出一些更为严格的要求。

第一，库房屋顶直接承受太阳的辐射热和雨水的冲淋，对库房的温湿度影响较大，因此库房屋顶的建筑要有利于防热、防水。隔热的措施主要有：采用实体材料来隔热，即在屋顶中铺设一层导热系数小的隔热材料来提高屋顶的隔热效果，建筑上常用泡沫混凝土、膨胀珍珠岩、稻草板、矿棉、泡沫塑料等做隔热材料。使用隔热材料时，应注意采取必要的防水措施，加做防水层来防止隔热材料渗水。采用空气间层隔热，即利用空气导热系数小的特点，把空气作为隔热材料来使用，利用封闭空气间层来做隔热屋顶，变实体结构为空心结构。另外，在我国南方地区气候炎热多雨，人们为了隔热防水，创造了双层瓦通风屋面和大阶砖通风屋面。屋顶的防水措施通常有卷材防水、刚性防水和构件自防水三种。卷材防水是使用沥青和油毡重叠组合在一起，覆盖在全部屋面上，做到严密无缝，形成一个用以堵住雨水渗漏的不透水的防水层。一般的做法是二毡二油。油毡最大的缺点是年久老化，有时甚至起鼓、腐烂、不耐久。刚性防水是利用水泥及其制品（水泥砂浆、混凝土、钢筋混凝土）的密实性做成屋面防水层来防水。其缺点是自重大，施工工序多，操作不够方便，而且由于热胀冷缩及材料本身干缩开裂而导致渗漏或结构变形撕裂而漏水。所以，为了提高刚性防水层的防水效能，可在刚性材料中掺入一些防水剂和加气剂。构件自防水是靠屋顶构件自身的密实性达到防水效果，较多使用的是槽瓦、小青瓦、平瓦等。这种屋面重量较轻，施工方便，维修也比较容易。

第二，库房墙体受外界的气温变化、风吹雨淋、日晒等影响较大，因此，库房墙体也要采取一定的防热防潮措施。通常的做法是加厚墙体。墙体越厚，传热量越小，外界气温对库房温度影响越小。

第三，根据档案库房的隔热防潮要求，门窗应少而小，能满足通风要求即可。为了减少阳光直接射进库房的面积和时间，窗子应尽量开得窄一些，库房每间开窗洞面积与外墙面积之比，不应大于 1∶10。东西墙不开窗，因为太阳辐射热对西墙影响最大，东墙次之，南墙较小，北墙最小，所以开窗以南北窗为宜。对于天然采光的库房，应采用防紫外线玻璃，也可安装毛玻璃、花纹玻璃、彩色玻璃来防光。也可在窗子上采用不同形式的遮阳措施，以减少太阳辐射热的影响。此外，库房门应做成双门，在两门之间形成一个过渡间，以减少库外空气对库内的影响。门以木制厚门为好，因为木材导热系数小，有利于隔热。

第四，走廊本身是一道较厚的空气层，有保温隔热的作用。利用走廊的空间铺设管道和安装空调等设备，可省去对库房空间的挤占，并可利用走廊空间做一些可行性管理工作。由于西墙是隔热重点，因而内走廊应首先考虑设在西向，其次是东向。不设内走廊的库房，也可在西侧设楼梯，同样也能起到隔热作用。

（三）库房建筑的其他要求

第一，库房建筑的承重量要符合负载要求，应做到既不浪费又符合安全需要。

第二，库房开间面积应根据存储档案的类别、数量等情况酌情考虑，宜采用大小开间混合设计。一般来说，大开间面积为 201～300 m²，中开间面积为 101～200 m²，小开间面积在 100 m² 以下。库房的高度一般以 2.5～2.8 m 为宜，库房过高，不仅会造成空间的浪费，而且也不利于对库房温湿度的控制。

第三，库房照明应以普通白炽灯为宜，为防止灯泡炸裂，可在灯泡外面罩上一个防尘玻璃罩。已使用日光灯的库房，应对 H 光灯进行紫外线处理，以减少日光灯发出的紫外线的照射作用。库房灯光的设置，应在相邻两个架（柜）的中间、灯与架（柜）顶端的垂直距离不应少于 10 cm，灯的瓦数以能看清架（柜）最底层的档案卷号为准。

第四，库房的供电导线应用铜心线，配电盘不应装在库房内，配电线路宜装保护管暗敷在非燃烧体结构内。电源箱内要安装两相和三相各种插座，以备去湿机、空调或吸尘器等电器的使用。

二、建立良好的库房管理秩序

良好的库房管理秩序对于库房管理工作的顺利开展具有重要的作用。具体而言，可通过以下几个途径建立良好的库房管理秩序。

（一）对档案库房进行编号

为了有序地管理档案库房，也为了方便档案库房的管理工作，应对拥有多间或多幢档案库房的档案馆（室）的库房进行统一编号。

档案库房编号有两种方法：一种是为所有的库房编统一的顺序号，这种方法适用于库房较少的档案馆（室）；另一种是根据库房的所在方向及库房建筑的特征进行编号，如"东一楼""红三楼"等。楼房内的库房自下而上分层编号，每层的房间从楼梯入口处自左至右顺序编号；平房应先分院或排，然后从左至右统一按顺序编号。

（二）对档案装具进行合理排列与编号

1. 档案装具的排列

库房中档案装具应排列有序，不同规格、不同式样的档案架、柜、箱应该分开排列，做到整齐划一。如果是有窗库房，档案装具应与窗户呈垂直走向排列，以避免强烈光线直射；对于无窗库房，档案装具的排列也要注意有利于库房的通风。

此外，档案装具的排放应注意最大限度地利用库房的空间，同时，也要宽度适宜，以便于档案的取放和搬运。一般情况下，档案装具之间的通道宽度应便于档案管理人员的工作与小型档案搬运工具的通行。在排放档案装具时应注意不要紧贴墙壁。

2. 档案装具的编号

为了便于对库房内档案的管理，所有档案装具应统一编号。一般的编号方法是自库房门口起，从左至右、自上而下依次编档案装具的排号、柜架号、格层号（箱号），其号码采用阿拉伯数字。

（三）按全宗排列的方式存放档案

在库房，档案的存放要按全宗排列。全宗排列方法，主要有按全宗顺序号流水排列法和全宗分类排列法两种。前者对库房空间和全宗实体的安排比较方便，后者对全宗的系统管理和全宗的信息控制比较有利。此外，档案按照全宗进行排列并不是说在任何情况下各种不同类型的档案都必须存放在一起，一些特殊类型的档案，如照片、影片、录音、录像档案以及会计档案、科技档案等，应该分别保管。为了保持文件之间的历史联系，应该在案卷目录、全宗指南等检索工具中说明属于同一全宗、因类型不同而分别保存的档案的保管情况，并在全宗末尾放置全宗保管位置参见卡，指明存放地点。

在对库房的档案进行全宗排列时，还应特别注意以下几个方面。

第一，应按一个全宗接一个全宗的顺序依次集中排列，不得打乱全宗混合排列。

第二，各全宗应按分类顺序排列，不得打乱类别顺序混合排列，排定后应编制库房号、柜架号、栏格号，以便存取。

第三，案卷应竖放，特殊档案（如宽幅面图纸）可平放，但要注意存取方便和防止因重压受损。

第四，声像档案应按载体材料的特殊要求排放。

（四）对档案架进行合理排放与编号

库房中档案架的排放，应特别注意以下几个方面。

第一，应排列一致，横竖成行，大小式样不同的架子可分类，尽可能做到整齐一致。

第二，有窗库房的架子排列，应与窗户垂直，以避免强烈光线的直射；无窗库房架子的排列，纵横均可，但应注意不要有碍通风。

第三，应注意最大限度地利用库房的地面与空间，但是也要便于档案的搬运和取放，不宜太松或太紧。

（五）编制档案存放位置索引

档案存放位置索引是以表册或卡片的形式，记录档案在库房及装具中存放位置的一种引导性管理工具；其作用是指引档案管理人员准确无误地调取、归还案卷，以及进行其他项目的管理工作。由于档案存放位置索引能够清晰地反映各个全宗、案卷的存址，因此，它在档案馆（室）档案的迁移中具有更为突出的引导和控制作用。

档案存放位置索引的体例，主要有以下两种。

第一，指明档案存放处所的存放位置索引，这种索引是以全宗及各类档案为单位编制的，指明它们存放于哪些库房及装具中。

第二，指明各档案库房保存档案情况的，这种索引是以档案库房和档案架为单位，指出它们保存了什么档案。

（六）设置档案装具所存档案标识牌

装具所存档案标识牌是在每一列、每一件、每一层（格、箱）装具表面醒目处设置的标牌，以标明每一个档案架、柜、箱中所存放档案的起止档号，以便检查和调还档案。

（七）编制档案代理卡

由于提供利用或档案馆（室）内部工作需要，经常将库房中已经上架的档案暂时移出库外。为了便于库房管理人员掌握档案的流动情况和安全检查，对于调出时间较长的案卷，可以填制一种卡片放在档案原来存放的位置上，这就是通常所说的"代理卡"或"代理卷"。

（八）建立全宗卷

全宗卷是档案馆（室）在管理某一全宗的过程中形成的，记录和说明该全宗历史情况的专门案卷。它是一个全宗在形成和管理活动中形成的"档案"。在开始档案的库房管理工作时，应在每一个全宗的管理中建立全宗卷，以记载立档单位和全宗历史演变情况。

通常而言，全宗卷需要包括以下几方面的内容。

第一，在收集环节所产生的材料，如档案交接凭证、征集历史档案的记录等。

第二，在整理环节产生的材料，如整理工作方案、档案分类方案、全宗内档案数量及状况记录。

第三，在档案鉴定环节产生的材料，如档案保管期限表、档案销毁清册、档案鉴定记录、立档单位与全宗历史考证等。

第四，在保管环节产生的材料，如安全检查记录和对破损档案采取的补救措施等。

第五，在统计登记和提供利用过程中产生的材料，如登记统计记录、全宗指南、机关大事记、组织沿革等。

全宗卷的建立是一个由少到多、不断积累的过程。全宗卷在管理上不宜装订，而适宜使用活页夹或档案袋（盒）进行保存，以便于材料的积累和整理。全宗卷内的材料积累到一定程度，应该进行清理。如果全宗卷内的文件数量较多，也可以分为若干卷。

全宗卷是围绕全宗的管理活动而形成，并以一个全宗为单位组合成的案卷。因此，全宗卷不属于全宗内的一个案卷，在管理上不能与全宗内的档案混合在一起，而应单独存放。其存放方式是每个全宗的全宗卷可以按照全宗号进行排列并专柜保管，也可以置于每个全宗排列的卷首。

三、进行档案的安全检查

对档案进行安全检查也是库房管理工作中的一项重要工作。通过开展这项工作，不仅能发现并及时纠正工作中的缺点，而且，能有效维护档案的安全和完整性。

档案的安全检查可以分为两种形式，即定期检查和不定期检查。其中，定期检查期限不宜过长，一般以半年为宜，最长不超过1年，以便及时发现问题和妥善解决。不定期检查应在以下情况进行：一是档案库房发生水灾或火灾之后；二是发现档案有遗失、被盗情况或其他可疑现象时；三是发现档案有虫蛀、鼠咬、霉烂、水湿等现象时；四是档案保管人员调换工作时。

在检查中发现的问题，如不能自己解决的，要及时报告上级主管部门或者有关领导，请求予以解决。

四、做好库房卫生工作

档案库房卫生工作是库房管理工作中的一项经常性工作。库房卫生搞得好，不仅可以为档案的保存提供一个整洁的环境，同时也可以防止有害生物的产生。

（一）库房卫生工作的要求

库房卫生工作的要求，具体来说有以下几个。

第一，四壁、天花板、地面清洁无尘、光洁明亮。

第二，档案装具无土、无尘。

第三，库内器具物品放置有序。

第四，库房内不得堆放与库房管理无关的杂物。

（二）库房卫生工作的开展途径

为保证库房卫生，应做到以下几点。

第一，经常打扫库房卫生，擦去墙壁、地面、天花板等处的浮土、浮尘。

第二，对档案装具及全库进行定期消毒，以免害虫滋生。

第三，对于新增添的装具、将入库的档案，入库前必须进行擦洗、除尘和消毒。

第四，管理人员入库应穿工作服、换鞋。

第五，库房周围不应有污水沟、污物堆放处，否则会影响库内的卫生。

五、做好库房的保卫保密工作

档案是国家的文化财富，其中许多是机密性的，因此，做好库房保卫保密工作是极其重要的。在开展这项工作时，具体可从以下几方面着手。

第一，库房管理人员首先应做好防盗，必须堵塞一切可能失窃的漏洞。库房管理人员和值班人员必须恪尽职守，严防任何盗窃和破坏事件的发生。

第二，非库房管理人员未经批准，不得随便入库。

第三，珍贵的绝密档案应放入保险柜，在专门的地点保存。

第四，出入库房的档案，应进行仔细清点和登记。

第五，要杜绝一切失密的可能，管理人员非因工作不得谈论档案内容。

六、营造良好的库房外部环境

营造良好的库房外部环境，最为关键的是有效控制库房的温湿度。

（一）控制库房温湿度的重要性

库房空气温湿度是影响档案寿命的诸因素中最重要的因素之一，因此必须加强对档案库房温湿度的控制。不适宜的温湿度，不仅直接影响档案材料的耐久性，而且还会加速其他一切不利因素对档案材料的破坏作用。如果库房温度过高，会使纸张纤维素发生水解反应，使纸张干燥发脆，强度降低。高温还会使耐热性较差的字迹记录材料（如复写、圆珠笔记录）发生油渗扩散现象，使字迹模糊不清，无法阅读。同时，高温也有利于害虫、霉菌的生长繁殖。温度过低，会使纸张中的水分结冰，影响纸张的耐久性。

库房潮湿，纸张中的纤维从空气中吸收水分，使档案纸张变潮，在其他因素的作用下，就会使纤维素水解过程加快，从而影响纸张的强度。同时，库房潮湿会使耐久性较差的纯蓝墨水、红墨水等字迹材料逐渐发生扩散甚至褪色现象。潮湿还有助于有害生物的生长与繁殖，会加强空气中有害气体、灰尘、光线等不利因素对档案材料的破坏作用。库房湿度过低，会使纸张中的纤维变干、变硬、变脆，纸张强度下降。

如果库房温度忽高忽低，湿度忽大忽小，同样会使纸张纤维热胀冷缩变化太快、吸潮变湿太频繁而导致纸张强度受损。可见，库房温度过高过低或忽高忽低，湿度过大过小或忽大忽小，都会影响档案材料的耐久性。因此，将档案库房温湿度控制在一定范围内，对于改善档案的保管条件，延长档案的寿命是十分重要的。

（二）控制库房温湿度的方法

当档案库房的温湿度指标超出规定的范围时，应采取一定的措施，改变库房的温湿度，将库房的温湿度控制在适宜的范围内，常用的方法有以下两种。

1. 密闭

密闭就是将库房或特定的空间范围尽可能地封闭起来，以防止库外不适宜的温湿度对库内产生影响，以达到延长档案寿命的目的。密闭是一种比较简单的控制库内温湿度的方法。具体方法有门窗密闭和档案装具密闭两种。

2. 通风

通风即根据空气流动的规律，有计划地使库内外的空气进行交换，以达到调节库内空气温湿度的目的。

通风的方式有自然通风和机械通风两种。其中，自然通风是利用库房内外空气的温度差和气压差进行通风换气。库房内外温度差和气压差越大，通风效果越好。但风力过大，空气中含尘量增加，此时通风不利于档案库房的防尘。因此，通风时库外风力以不超过三级为好。自然通风不需要动力投资，也不存在噪声问题。所以，它是一种经济有效的通风方法，但受气象条件限制，故有一定的局限性。机械通风是指借助机械力量，使库房内外空气进行交换，以达到较高、较快的通风要求。机械通风种类很多，最简单的一种是在库房通风口上安装通风机，条件允许的单位可安装空气调节设备进行通风。机械通风不受气象条件限制，通风速度快、效果好，但需要一定的动力，因此投资较高。

无论采用何种方式通风，都应注意以下两点：一是通风时要不断注意库内外温湿度的变化，测得准确数值，作为判断能否通风的依据。如果通风已达到目的，应停止通风并密闭库房，使通风效果能保持较长时间；二是如果利用自然条件通风，还要注意库房外的风力和风向。库房内外温差太大，风力太大或风中吹来有害气体，此时库房不宜进行通风。

七、做好档案的各类预防工作

（一）防火

档案的制成材料是易燃物品，一旦发生火灾，造成的损失将是难以估量的。因此，在开展档案的库房管理工作时，档案工作部门必须建立防火制度，做好档案的防火工作。具体而言，档案工作部门可从以下几方面着手来开展档案的防火工作。

第一，实行防火责任制，加强消防安全检查，消除一切发生火灾的可能性。

第二，建立健全管理制度，库房内严禁吸烟，严禁明火取暖，库房周围严禁堆放易燃物品。

第三，配备充足的灭火设备，做好灭火的准备。

第四，要提前拟定档案抢救方案与措施。

（二）防盗

档案是国家的文化财富，一旦失窃，将会给国家造成重大危害。因此，做好档案的防盗工作，是一项十分重要的工作。从某种意义上说，它比防治档案的自然损毁更重要。档案工作部门应采取一定的防盗措施，防止档案失窃。常用的防盗措施有以下几个。

第一，加强档案工作人员的防盗教育，增强他们的防盗意识。

第二，底层库房门窗安装防盗门、防盗窗（网）。

第三，安装防盗报警装置，对借阅档案的人员进行监督检查。

第四，非库房管理人员未经批准，不得随便进入库房，同时对这类人员进出库房要严格登记检查。

第五，珍贵的、绝密的档案应放入保险柜，在专门地点保存。

第六，档案出入库房，应进行仔细地清点和登记，防止抽掉档案和篡改档案内容。

（三）防光

光（包括太阳光和人造光）对档案文件的破坏作用很大，其中破坏作用最大的是太阳光，尤其是太阳光中的紫外线。太阳光能破坏档案纸张，使档案纸张断裂、发脆，同时会加速纸张的氧化反应，使纸张变脆，失去耐久性；还会加速墨水、复写纸、圆珠笔迹、油墨等有机染料的扩散，使字迹褪色。因此，做好库房的防光工作，是延长档案寿命的重要工作之一。

在库房管理中，常用的防光措施有以下几种。

第一，在库房窗子上，采用遮阳板等遮挡阳光，以减少太阳光对档案的破坏。同时，可在窗户内侧挂窗帘、安装百叶窗、在玻璃上涂刷紫外线吸收剂，以减少紫外线的进入。

第二，档案应放在柜子里、卷盒里，不要放在靠窗的阳光处。

第三，禁止在阳光下阅读文件，特别是珍贵文件。

第四，陈列文件用复制件，不用原件。

第五，当大量文件受潮而又无其他办法救急，必须放在室外吹干时，切忌放在阳光下暴晒。

第六，库房内使用人造光源时，应使用白炽灯，不使用日光灯。因为日光灯紫外线含量比白炽灯高，并且日光灯装有整流器也对安全不利。

（四）防尘

灰尘也会对档案造成一定的损害，因而档案工作部门必须做好档案的防尘工作。为此，库房及装具必须有良好的密封性；可配备吸尘器，加密封门或过渡门，安装空气过滤器，防止灰尘和有害气体进库；搞好库房及装具卫生；加强库房周边的绿化，及时排除污染源等。

（五）防虫

档案害虫对档案的危害非常大。轻者蛀蚀成洞，重者使档案成为碎片，失去利用价值。因此，应采取有效措施，防治档案害虫。常用的防虫措施有以下几种。

第一，档案入库时要对其进行灭菌消毒，并要在库房内放置防虫药品。

第二，破坏档案害虫的生态环境，防止档案害虫的生长繁殖。例如，控制库房的温湿度，做好库房的清洁卫生工作，定期对档案库房进行消毒，定期对档案进行翻阅检查，在档案架（柜）的适当位置放置樟脑驱虫剂等。

第三，一旦发现档案中有害虫时，若档案中只有少量害虫，可以把档案竖起来，用手轻轻拍动，使害虫掉下，消灭即可；若档案中有大量害虫，可用磷化铝片剂对库房进行熏蒸来杀虫，也可采用低温冷冻法进行杀虫。对于档案架（柜）上的害虫，可在架（柜）上放敌敌畏或灭虫灵来杀虫。

除此之外，还需要做好防水工作，档案的库房应建在地势较高、有利于防洪的位置，同时库房内及附近不能有水源；做好防潮工作，每天测量库房湿度，发现湿度过高时及时调整；做好防霉工作，定期检查档案文件，防止防霉药品，发现有霉变迹象及时通风等。

第四章　档案的检索与统计

第一节　档案的检索

一、档案的著录与标引

（一）档案著录

档案著录是档案馆（室）编制档案检索工具时，对每份文件、每个案卷的内容特征和形式特征进行分析、选择和记录的过程。所谓内容特征，是指对文件或案卷主题的揭示，包括档案的题名、主题词、分类号等；所谓形式特征，是指文件或案卷的实体形式、文字表述形式、载体形态以及文件的时间、责任者等有关特征。

档案著录所遵循的方法称为著录规则。档案著录规则是在编制档案目录时，对档案的内容和形式特征进行描述以形成条目的技术规定。《档案著录规则》规定了单份或一组文件、一个或一组案卷的著录项目、著录用标识符、著录条目格式、著录用文字、著录信息源及著录项目细则。

1. 著录项目

著录项目是揭示档案内容和形式特征的记录事项。根据国家档案局颁布的《档案著录规则》的规定，需著录以下项目。

档案著录项目共分七项，每项分若干著录单元（小项）。

①题名与责任说明项，包括正题名、并列题名、副题名及说明题名文字、文件编号、责任者和附件。

②稿本与文种项，包括稿本和文种。

③密级与保管期限项，包括密级和保管期限。

④时间项。

⑤载体形态项，包括载体类型、数量及单位和规格。

⑥附注与提要项，包括附注和提要。

⑦排检与编号项，包括分类号、档案馆代号、档号、电子文档号、缩微号和主题词或关键词。

2. 著录条目格式

（1）段落符号式条目格式

段落符号式条目格式将著录项目划分为四个段落：第一段落中分类号、档号分别置于条目左上角的第一、二行，档案馆代号、缩微号分别置于条目右上角第一、二行，电子文档号置于第二行的中间位置。第二段落从第三行与档号齐头处依次著录题名与责任说明项、稿本与文种项，密级与保管期限项、时间项、载体形态项、附注项，回行时，齐头著录。第三段落另起一行空两格著录提要，回行时与第一、二段落对齐。第四段落另起一行齐头著录主题词或关键词，各词之间空一格。

（2）表格式条目格式

实际工作需要使用表格式条目时，其著录项目应与段落符号式条目相同，其排列顺序可参照段落符合式条目格式。

无论著录对象为单份文件、单个案卷还是一组文件或一组案卷，均按段落符号式条目格式或表格式条目格式依次著录。

著录条目的形式为卡片式时，卡片尺寸一般为 12.5 厘米×7.5 厘米，著录时卡片四周均应留 1 厘米空隙，如卡片正面著录不完，可接背面连续著录。

3. 著录信息源

第一，著录信息来源于被著录的档案。

第二，单份或一组文件著录时主要依据文头、文尾。

第三，一个或一组案卷著录时主要依据案卷封面、卷内文件目录、备考表等。

第四，被著录档案本身信息不足时，参考其他有关的档案资料。

（二）档案标引

档案标引是指对文件或案卷进行主题分析，把自然语言转换成规范化检索语言的过程，即对主题分析的结果给予检索标识的过程。给予文件或案卷以主题词标识的过程，称为主题标引；给予文件或案卷以分类号标识的过程，称为分类标引。

1. 档案主题标引

为保证档案主题标引的准确性和一致性，提高标引工作的质量和检索效率，国家档案局有关规则规定了档案主题分析方法和依据《中国档案主题词表》及各种专业档案主题词表进行档案主题词标引的方法。

（1）主题分析

主题分析是主题标引的基础，通过对档案的内容特征进行分析，准确提炼和选定主题概念。

①通过审读档案，了解和判断档案所反映的中心内容和其他主题因素。

A. 阅读题名。

文件和案卷的题名是对档案内容的概括。在题名准确反映档案中心内容的情况下，阅读题名是分析、提炼主题的一条捷径，但题名不能作为提炼主题概念唯一的依据。

B. 浏览全文。

在档案无题名或题名不能全面、准确地反映档案主题时应浏览全文。浏览全文应注重了解题名未能反映的主题和深层次主题，发掘隐含主题。浏览全文重点是阅读全文的开头、结束语、段落题名，必要时阅读批语、摘要、简介、目次、图表、备考表等内容。

②确定主题类型，主题的类型可以分为单主题和多主题两种。单主题包括单元主题和复合主题（即多元主题），多主题则由几个单主题组成。

③分析主题结构，任何主题都是由一定的主题因素构成的。构成主题的因素一般分为五种：主体因素（即反映文件主题内容的关键性概念）、通用因素（即对主体因素起补充和限定作用的通用概念）、位置因素（即文件所记述对象的空间和地理位置概念）、时间因素（即文件所论述对象存在的时间概念）、文种因素（即文件类型和形式方面的概念）。

在档案标引中，主体因素是最重要的且必须标出，其他因素酌情标引。

④主题概念的选定是在审读档案题名或全文的基础上，提炼选定出一个或若干个表达档案主题的自然语言主题概念。选定主题概念的原则如下：一是选定的主题概念应是档案中论述的问题。二是选定的主题概念应具有实际检索意义。三是选定的主题概念应能全面、准确地表达档案主题。

（2）选词标引

选词标引是对档案主题分析出的概念给予主题词标识的过程。

①在主题分析中选出的主题概念，应转化成档案主题词表中的主题词（正式主题词）进行标引，书写形式应与词表中的词形相一致，非正式主题词不能作为标引词使用。

②标引词应选用档案主题词表中与档案主题概念直接相对应的、专指的主题词。

③当词表中没有与档案主题概念直接相对应的专指主题词时，应选用两个或两个以上的主题词进行组配标引。

A. 组配应是概念组配。概念组配包括以下两种类型。一是交叉组配，即同级词组配。是指用两个或两个以上具有概念交叉关系的同级主题词组配表达其相应的下位概念。如《关于组建钢铁联合企业的通知》，用"钢铁企业"和"联合企业"两个具有交叉概念的主题词组配标引，来表达"钢铁联合企业"这一专指概念。二是方面组配，即限定组配。是指由一个表示事物的主题词，与另外一个或几个表示事物某个属性或某个方面的主题词组配表达相应的下位概念。如《高考制度改革方案》，用"高考"和"规章"限定"教育改革"，从而表达了"高考制度改革"这一专指概念。

B. 组配标引时，优先考虑交叉组配，然后考虑方面组配。

C. 应选用与档案主题概念关系最密切、最接近的主题词进行组配，不能越级组配，即不能用其上位或下位主题词组配。如《高考制度改革方案》标引词中，只能用"教育改革"，而不能用其上位词"改革"或其下位词"教学改革"进行组配。

D. 组配结果所表达的概念应清楚、确切，只能表达一个主题概念。

E. 为避免多主题虚假组配造成误检，可以加联系符号区分每个问题。其做法是在主题词后用数字"1""2""3"……表示分组符号，数字相同的主题词是一组相关联的组配概念。数字中的"0"，称作共同联号，表示该主题词可以和该档案中标引的任何一个主题词进行组配。如《关于安阳县棉花播种与玉米田间管理的情况报告》标引为："棉花1""播种1""玉米2""田间管理2""安阳县0"。

F. 当某一主题概念在词表中有组代主题词（先组复合词）时，应选用规定的组代主题词，不应另选其他主题词进行组配标引。

④当某一主题概念在词表中查不到专指的主题词，也无法通过组配标引来表达该主题概念时，可以采用靠词标引。靠词标引有以下两种。

一是用上位概念主题词进行靠词标引。依据词族索引选用最直接的上位概念主题词进行标引，不应使用越级上位主题词标引。

二是用近义词进行靠词标引。依据范畴索引选用与主题概念含义最相近的主题词进行标引。

⑤关键词标引又称增词标引。关键词是主题词表以外的、未经规范化处理的自然语言词。使用关键词标引应严格控制。

A. 下述情况可以采用关键词标引。一是某些概念采用组配，其结果出现多义时。二是某些概念虽可以采用靠词标引，但当这些概念的被标引频率较高时。三是词表中明显漏选的词，包括词表中未收录的地名、人名、机构名、产品名等专有名称。四是表达新生事物的词。

B. 关键词应尽可能选自其他词表或较权威的参考书、工具书，选用的关键词应达到词形简练、概念明确、实用性强的效果。

C. 使用关键同标引后，应有所记录，并反馈到所用档案主题词表的管理部门。

⑥一个标引对象，标引用词一般为 2~10 个。

2. 档案分类标引

为了正确进行档案分类标引，选用恰当的标识来表达档案文献的主题，保证档案分类标引的质量，提高检索效率，实现档案资源共享。

（1）分类标引基本规则

档案分类标引的依据是以国家机构、社会组织从事社会实践活动的职能分工为基础的，结合档案记述和反映的事物属性关系，并兼顾档案的其他特征。分类标引时，应对档案文件进行周密的主题分析，把握所论述的对象，准确地给予分类标识。

档案分类标引应依据《中国档案分类法》及其使用指南。

档案分类标引时，要正确地理解类目含义和范围，避免脱离类目之间的联系和类目注释的限定片面地理解类目含义。

档案分类标引应充分考虑实际的检索需求和检索方式，根据档案的具体内容和用途，选定适当的标引深度。凡一份文件或案卷涉及两个或两个以上主题者，除按第一主题或最重要的主题标出确切的分类号外，必要时可对其他主题附加相应的分类号。

档案分类标引必须按专指性的要求，分入恰当的类目，切不可分入较宽的上位类或较窄的下位类。当分类表中无恰当的类目时，可分入范围较大的类目（上位类）或与档案内容密切相关的类目。

档案分类标引应保持一致性。各种文本、载体类型的同一主题档案所标引的分类号均应一致。遇有某些难以分类和分类表上无恰当类目可归的档案，无论归入上位类或归入与其密切相关的类目，以及增设类目，都应作出记录，以后遇有类似情况，均按此处理。

（2）各种主题档案分类标引规则

主题的类型依据档案内容可分为单主题和多主题两种。单主题包括单元主题和复合主题（多元主题），多主题则由几个单主题组成。

①单主题档案的分类标引

单主题文件或案卷，一般依主题主体因素所属的类目标引，若是从一个方面对主题进行论述，就依这方面所属类目标引；若是从多方面对主题论述，一般只依主题所属类目作整体标引。

文件或案卷论述的主题内容互相交叉时应依据《中国档案分类法》关于集中与分散的有关规定进行标引。

文件或案卷论述的主题涉及国家、地区、民族、时代等因素时，若《中国档案分类法》中注明需要复分则应标出复分号，否则可以省略。

②多主题档案的标引

文件、案卷论述的是两个以上的主题，标引时应充分考虑利用者的检索需要、参考价值大小以及各主题间的逻辑关系，加以综合分析，再确定给予一个或几个分类号。

文件、案卷论述的几个主题之间是从属关系，即上下位关系或整体与部分关系，一般依它们的上位类目作整体标引，若较小主题具有检索价值，也可依小主题的所属类目作互见标引。

文件、案卷论述的几个主题之间是因果或影响关系，一般依结果或受影响的主题所属类目标引。对于互为因果的、互相影响的主题做全面标引。

文件、案卷论述的几个主题之间，一个主题应用于多个主题，一般依被应用主题所属类目标引。必要时可以对其他主题附加相应的分类号。

（3）档案分类标引工作程序

研读分类法——标引人员在标引工作开始时，应系统地研读《中国档案分类法》的编制说明、主表、附表，了解该法的编制目的、适用范围、分类原则、体系结构、标识符号、类目注释，辨清上位类、同位类、下位类、理论与应用等关系，深入透彻地掌握其使用方法。

档案主题分析——应充分考虑立档单位的性质、职能和任务，通过分析题名、浏览正文、参考文件版头和案卷封面，了解档案的中心内容和涉及的主要问题，判明其属性特征，以便正确归类。

第一，分析题名。文件和案卷的题名，是责任者或立卷人对档案内容的概括，在题名准确反映档案中心内容的情况下，分析题名能直观地把握档案的主题。但有些文件、案卷的题名，由于拟写上的缺陷，不能准确、直接地揭示主题内容，所以不能作为分类标引的唯一依据，还应浏览正文。

第二，浏览正文。通过分析题名不能确定档案的确切内容和类别时，应浏览文件、案卷的正文。重点阅读文头、文尾、段落题名，了解作者的撰写目的和意图，从而确定档案内容论述或涉及的主题。

第三，查阅文件版头和案卷封面。党政机关行文都有固定的文件版头，标明发文机关的全称或通用简称、发文字号，文尾有发文机关、抄送机关、成文日期、盖印与签署。此外，附加标记有密级、缓急时限、阅读范围等。案卷封面上有机关全称和组织机构名称、案卷题名、年度日期、保管期限、档号以及卷内目录、卷末备考表等。它们对于了解文件、案卷的主题、起草目的、利用范围、使用价值等，都能提供一定的参考。

第四，判定类别。进行主题分析后，须确定文件、案卷所论述的事物中，哪些主题应予以标引，能为利用者提供检索途径，然后根据主题性质，到《中国档案分类法》中查找其所属的类目。

第五，标引分类号。用《中国档案分类法》中的类号来表达档案主题性质的标引，也就是将判定的类别赋予分类标识。给予分类号，应根据文件、案卷内容的属性、主题多寡、起草意图、利用对象、检索需求等特点，采用恰当的方式和方法，准确、一致、适度地标引出来。遇有难以分类的新事物、新主题的档案材料，分类表上无确切类目可归时，各档案馆（室）可增设新类目予以分类标引，同时上报《中国档案分类法》编委会确认。今后若遇到同类主题的文件、案卷亦照此办理，确保一致性。

第六，审校。审校是分类标引的最后一道工序，是确保标引质量的最后关口。审校内容包括检查验证档案的内容是否得到全面的分析，主题概念是否准确、恰当，辨类是否准确，同类档案是否归类一致，标引的类号是否充分、完整、准确，书写是否正确无误。

二、档案检索工作

（一）档案检索工作的内容和意义

档案检索工作是指对档案信息进行加工和存储，并根据需要进行查找的工作。它是档案提供利用工作的基础和先前条件，是开发档案信息资源的必要条件。

1. 档案检索工作的内容

档案检索工作包括档案信息存储和查检两方面工作内容。档案信息存储是将档案中具有检索意义的特征标识出来，加以编排，形成检索工具或档案信息数据库的过程；档案信息查检是利用档案检索工具或数据库搜取所需档案的过程。这两方面工作内容密切联系、不可分割，存储是查检的基础和前提，查检则是存储的目的。

（1）档案信息存储工作的主要内容

第一，著录标引。即对档案的内容和形式特征进行分析、选择和记录，将反映该件（卷）档案主题的概念借助检索语言转换成规范化的检索标识。对每件（卷）档案著录标引后形成的一条记录称为一个条目。

第二，编制检索工具。即对著录标引后形成的条目加以系统排列，组成各种检索工具；或输入计算机，建立机读目录和数据库。

（2）档案信息查检工作的主要内容

第一，确定查找内容。即对利用者的检索要求和范围进行分析，确定利用者所需档案的实质内容，形成概念，有时也可将这些概念借助检索语言转换成规范化的检索标识。在计算机检索中还应按实际需要把这些检索标识之间的逻辑关系表达出来，形成检索表达式。

第二，具体查找。即档案人员利用各种手段把表示利用者需求的检索标识与检索工具中的检索标识进行对照比较，将符合利用者要求的条目查找出来。

2. 档案检索工作的意义

档案馆（室）的档案实体是遵循档案的形成规律，按其基本的整理体系系统排列和保管的，而档案利用者及其利用需求是多样的、广泛的，只有通过专门的检索工作，才能解决档案保管的一般体系和广泛的利用需求之间的矛盾。检索是把档案材料的线索存储在各种检索工具中，根据利用者的需求，及时查检出来，保证利用工作的顺利进行。所以，检索工作在档案工作中居于重要地位，是档案工作的重要内容之一。

第一，检索是提供利用的前提条件。档案馆（室）各项基础工作是为提供利用工作创造条件的。而更直接的准备工作、具体解决每个案卷或每一份文件的查找，则是通过检索工作来实现的。档案能否迅速、准确、系统地提供给利用者，在很大程度上取决于检索工作。

第二，检索是档案馆（室）业务基础建设的重要内容，是提高馆（室）工作水平的重要手段。档案馆（室）档案藏量固然十分必要，但如果没有与之相配套的业务基础建设，档案就很难发挥其作用。广大利用者评价档案馆（室）工作水平高低，常常是以能否及时、准确、全面、系统地提供档案为重要标准。而要达到这一标准，必须借助于科学、完善的检索工作。检索是各项基础工作的继续和发展，是提高档案馆（室）工作水平、实现科学管的重要手段。

第三，检索形成了档案业务工作中一个独立的重要环节。档案检索为提供利用做直接的准备工作，可列入利用工作的范围。它大量存储档案线索，有计划地建设检索体系，专门为查找档案材料提供手段，也属于基础工作范畴。而深入研究档案材料内容，特别是编写大型工具书，系统地评价档案材料，又具有编研性质。检索具体的工作内容和独特作用，是档案工作中任何一个业务环节所不能包括和代替的。随着档案的开放、利用工作的开展和新技术的应用，检索的工作内容和领域将会不断扩充，检索的技术和方法也将有较大的改进和提高。今后一定时期内，我国档案检索的基本趋势是逐步向电子计算机检索过渡，同时现代化检索方式与传统的手工检索两者并存。检索形式多样化、系列化和检索系统标准化、规范化的程度将日益提高。

（二）档案检索工具

1. 档案检索工具的基本职能及其作用

档案检索工具是用以揭示档案馆（室）档案的内容和成分，报道和查找档案材料的工具。它是进行档案科学管理和资源开发利用的重要手段。

档案检索工具的基本职能表现在存储和查找两个方面。存储是对文件或案卷的内容和形式特征进行著录和标引，按照一定的格式组织成条目，以一定的顺序加以排列或进行客观的描述，以二次文献或三次文献的形式将档案信息集中起来。查找是指能提供一定的查询手段，在存储好的档案信息集合中找出利用者需要的档案材料。

档案检索工具的具体作用，表现在以下几个方面。

第一，档案检索工具是揭示档案馆（室）藏和利用档案的重要手段。档案检索工具对已入馆（室）档案的信息进行加工和形态上的转换，便于人们从数量浩瀚的档案中，及时、准确地提取和输出所需要的档案信息。

第二，档案检索工具是开展档案业务工作必不可少的工具。档案检索工具记录了档案重要的内容和形式特征，档案人员可以通过它大概了解馆（室）藏档案的内容、形式、数量等情况，为档案业务工作提供了一定的依据。

第三，档案检索工具是报道馆藏和馆际交流的重要工具。档案检索工具存储了大量档案信息，它不仅可以提供查寻，同时也可以成为档案馆（室）与利用者、档案馆（室）与档案馆（室）之间的交流工具。利用者和其他档案管理部门借助它即可概要了解馆藏档案的内容、价值等信息。

2. 档案检索工具的种类

档案馆（室）为了适应利用者对档案的多种类、多角度的需求，常常需要编制多种类型的检索工具。从不同的角度，用不同的标准，对档案检索工具进行不同的种类划分。

（1）从编制方法上划分

①目录是将档案的著录条目按照一定次序编排的一种揭示、识别和检索档案材料的工具。

②索引是将档案中的某一内部或外部特征及其出处按一定次序编排而成的检索工具。

③指南是以文章叙述的体例，综合介绍档案情况的一种书面材料或工具书。如档案馆指南、档案室指南、全宗指南等。

（2）从作用上划分

①查找性检索工具是为了从不同角度检索档案而编制的，从档案的某一内容或形式特征提供检索途径的检索工具。它是对外服务和馆（室）内查找档案的重要手段。如全宗文件目录、分类目录、专题目录、主题目录、人名目录等。

②报道性检索工具又称介绍性检索工具，是为了报道和介绍馆藏档案内容及有关情况，开展馆际交流而编制的检索工具。如档案馆指南、档案室指南、全宗指南等。

③馆藏性检索工具是档案馆（室）藏档案的总清册，是反映档案分类整理和排架顺序的检索工具。

（3）从载体形式上划分

①卡片式检索工具是将一个条目著录于一张卡片，将卡片按一定顺序排列而成的检索工具。其优点是具有较大的灵活性，便于增减条目和调整条目之间的顺序；一种卡片目录放在若干地方，可供多人同时查阅。其主要缺点是体大量多，不便管理、传递和交流；查阅时需逐片翻阅，费时较多。

②书本式检索工具是将著录条目逐条登录并装订成册的检索工具。其优点是体积较小，便于管理；编排紧凑，便于阅读；可印刷出版，便于传递、携带和交流。缺点是因其装订成册，体系固定，缺乏灵活性，不便于增减条目和调整条目之间的顺序。

③活页式检索工具是介于卡片式和书本式检索工具之间的一种检索工具。每一页记录若干份同类文件或案卷的特征，一页著录不完接下页，再将著录好的活页按序装入书夹。其优点是比较灵活，能随意增减，随时撤换。

④缩微式检索工具是以缩微摄影方式制作的以胶片为载体的检索工具，手工检索时使用缩微阅读器放大阅读，也可用于计算机检索。其主要优点是密集存储，节约空间；体积小，便于交流，便于复制。缩微式检索工具是在书本式或卡片式检索工具的基础上形成的，而且需要具备一定的拍摄和阅读条件才能制作和使用。

⑤机读式检索工具是以磁性材料为载体的供计算机识别的检索工具。它将档案的内容和形式特征以特定的编码形式和特定的结构记录存储在计算机的磁鼓、磁盘、磁带上，使用时可以用荧光屏显示，也可以打印出文字目录。机读式检索工具的主要优点是存储密度高，检索扫描速度快，可进行多途径检索。缺点是前期处理和输入工作量大，检索费用较高。

3. 档案检索工具的标准

（1）档案检索工具信息存储要丰富

信息存储丰富是指存储的档案内容要全，项目著录详细，标引有深度。在编制检索工具时，凡是本馆（室）有用的档案信息都要存储进去，以满足利用者对档案信息的多种需求，更好地发挥档案的作用。著录项目尽可能完备，不仅著录作者、时间、文本、保管期限等易见的外形特征，还要具体描述档案的主题内容，为利用者提供丰富的信息。标引要有一定的深度，对每份文件或案卷的主题内容，应该用几个或更多的主题词和分类号来标识，以增加从不同角度获取档案信息的途径。

（2）检索要准确及时

档案检索的质量和效率主要体现在检索的准确性和时效性两个方面。准确性是要求通过检索工具和手段为利用者提供所需要的档案，既要查全，又要查准，把漏检和误检率降至最低。这就要求在编制检索工具时，对文件或案卷内容和形式特征的著录和标引无差错，检索途径充分，排列系统科学。时效性是指在一定时限内迅速提供档案为利用者服务。这就要求检索工具必须种类适当，组织合理，排列有序，使档案人员面对堆积如山的档案，能够及时、迅速地查找到利用者所需的全部档案。

（3）检索要方便实用

使用方便，实用性强，是检验档案检索工具质量高低的标准之一。档案检索工具的使用具有高频率和广泛性的特点，这就要求其项目设置实用，文字简洁，排检方法科学，易于掌握，便于利用。

（4）档案检索工具要实现标准化、规范化

检索工具的标准化、规范化，是指在编制检索工具时，对其规格、著录方法、标引方法、编写体例等方面的统一规定。如果各馆（室）编制档案检索工具时各行其是，规格式样不统一，著录标引方法不科学、不规范，不仅造成人力物力的浪费，而且会给档案的科学管理和开发利用、馆际交流，以及实现手工检索向计算机检索过渡等，带来极大的困难和障碍。因此，编制检索工具应严格遵守各种有关的国家标准，努力实现其标准化、规范化的要求。

三、档案检索工具体系

档案检索工具体系是指从不同角度揭示档案馆（室）藏，为满足利用者多方面、多层次的需要而建立起来的各种检索工具所组成的体系。该体系由若干检索工具组成，它们互相联系、相互补充，从而构成一个具有一定功效的、有机的整体系统。

档案馆（室）应以馆（室）的类型、规模、任务以及库藏档案的特点、利用对象和利用需求为依据，以人力、物力、财力为条件，建立适合本馆（室）情况的实用的档案检索工具体系。一个多种形式、多种层次、相互间既有明确分工又紧密联系的档案检索工具体系，应符合以下几点要求。

（一）必须由两种以上的不同的检索工具组成

一般来说，一种检索工具只能主要具有一种功能，提供一种检索途径，满足一种类型的检索要求，而利用者的利用需求常常是多角度、多类型的，因此，不同的档案馆（室）应根据自身状况编制几种不同种类的检索工具。一般来说，至少编两种，而仅靠案卷目录"一本账"，不可能达到较高的检索水平。

（二）各种检索工具之间既有明确分工，又相互补充

一个合理、实用的档案检索工具体系，不仅有数量上的要求，而且也应有质量上的要求。档案检索工具种类多样化的本质，在于其功能的齐全，即每一种检索工具都有其独特的功能，相互之间有明确的分工。同时，各种档案检索工具在功能上还应相互配合、互相补充，从而使档案检索工具体系真正成为一个完整的有机整体。

（三）档案检索工具建设应考虑档案馆（室）自身特点和利用需求的状况

档案馆（室）的检索工具，必须符合大多数利用者的利用需求习惯。机关档案室的利用特点与档案馆不尽相同，每一个机关档案室和档案馆利用服务的对象和查阅的要求还可能具有各自的特点，因此，各个档案馆（室）均应根据实际情况确定本馆（室）检索工具的种类和每一种检索工具的检索深度。

四、常用档案检索工具的编制

（一）案卷目录

案卷目录是以案卷为单位，按照档案整理顺序组织起来的档案检索工具，它是档案馆（室）最基本的、使用较为频繁的一种检索工具。它既是馆藏性的检索工具，又是查检性的检索工具。

一个全宗内的全部档案，经过分类、立卷、系统排列后，应将案卷逐个登记下来，形成案卷目录。案卷目录即案卷的名册，是著录案卷内容和形式特征并按一定次序编排的

表册。

案卷目录具有的作用：第一，固定和反映档案的整理和排架顺序；第二，可作为保管档案和统计案卷数量的主要依据；第三，是按照立档单位整理体系查寻档案的基本检索工具。

案卷目录的组织方法通常和本机关的档案分类体系相一致。如采用年度—组织机构分类法的机关，可按照保管期限—年度—组织机构的体系编制案卷目录，即首先将不同保管期限分开，在每一种保管期限中按年度集中案卷条目，每个年度中的案卷条目按组织机构顺序排列。采用组织机构—年度分类法的机关，则可按照保管期限—组织机构—年度的体系编制案卷目录。编制案卷目录，应以全宗为单位进行。

案卷目录的结构主要包括以下几个组成部分。

第一，封面和扉页。其项目包括档案馆（室）名称、全宗号及案卷号、全宗名称及类别名称、目录中档案的起止日期。

第二，目次。即案卷所属类目的索引。根据全宗内案卷的分类排列情况，分别写明案卷分类类目的名称及所在页码，也可包括案卷的起止号。

第三，序言或说明。序言中应说明使用案卷目录和利用档案时需要了解的有关情况。如目录的结构、编制方法、立档单位和全宗简史、全宗内档案的完整程度等。

第四，简称表。将案卷目录中使用的名词简称与其全称列为对照表，以便利用和查对。简称表可独立编写，也可纳入序言中。

第五，案卷目录表。

第六，备考表。附在案卷目录之后，总结性地记载案卷目录的基本情况，包括目录所登记的案卷数量和案卷长度（米）、案卷目录的页数、编制日期及其他必要的说明，编制者签名或盖章。

案卷目录上述组成部分填写完毕，应该加上封皮和封底，并装订成册。案卷目录应一式三份，其中一份供日常使用，一份保存，一份随档案移交。

（二）分类目录

分类目录是按照体系分类法的基本原理，将档案主题按《中国档案分类法》的逻辑体系组织起来的检索工具。它的主要特点是系统性和集中性强，把内容性质相同的档案信息组织到一起，便于族性检索，使利用者获得有关某类专题的全部材料。

分类目录一般采用卡片式，其编制方法大体如下。

第一，填制卡片。制卡时应根据档案著录规则的有关规定和档案标引的有关要求进行。一般是一文一卡，或一卷一卡。由于分类目录是以分类号为排检项的，制卡时要特别注意分类标引的准确性，当一件（卷）档案需要标引多个分类号时，应该对该档案分别填写多张卡片。

第二，排列。卡片排列时应按分类号的顺序逐级集中卡片。具体排法是先按字母顺序排，同一字母的卡片集中排放在一起，然后再逐级按阿拉伯数字的大小排列，类目顺序应与分类表相一致。在同一类目内卡片的排列顺序有多种方法，如按年度、按时间、按责任者等，但在一个档案馆（室）应保持一致；需要向档案馆移交档案的机关最好能与档案馆分类目录的排列顺序相一致。

当一件（卷）档案标引一个分类号时，只要按其分类号排在相应的位置即可。当一件（卷）档案标引两个以上分类号，或采用分类号组配形式标引档案时，需要将每一个分类号轮排到前边一次，并排入居于首位的分类号相应的类目中，也就是说一件（卷）档案标引了几个分类号，就需要填制几张卡片，该件（卷）档案在分类目录中就占有几个位置，这样从该件（卷）档案的每一个主题入手均可查到该件（卷）档案。

第三，安放导卡。分类卡片排列完毕后，需要在类与类之间安放导卡，便于检索者迅速、准确地查到所需档案卡片。

（三）案卷文件目录

案卷文件目录也称全引目录或卷内文件目录汇编。它是将全宗或全宗内的某一部分案卷目录和卷内文件目录合二为一、汇编而成的一种检索工具。案卷文件目录的格式大体有两种：一种是将一定数量（如一个年度、一个组织机构）的案卷目录放在前面，后面依案卷条目顺序依次附上卷内文件目录；另一种是以案卷为单位，在每个案卷条目下附上该卷的卷内文件目录。

（四）专题目录

专题目录是以卡片形式系统揭示档案馆（室）某一专门题目的档案内容和成分的一种检索工具。它按照一定题目，把同一主题内容的二次文献组合在一起进行编制，合乎按专题利用档案的规律和特点。

专题目录的编制方法如下。

第一，选题。选题是专题目录编制的重要环节，选题的正确与否直接关系到专题目录的利用价值。选题既要考虑党和国家各项工作的需要，又要考虑馆（室）藏基础。

第二，制订计划。计划内容包括题目名称、题目所包含的问题、分类方案、题目所包括的年限和涉及的地区、查找档案所涉及的全宗和全宗内容、选择材料的标准、工作步骤、人员分工、完成时间等。

第三，选材。选材时量材尺度要统一，应挑选出最能反映专题本质、有科学意义和实际价值的档案材料。

第四，填制卡片。填卡一般与选材结合进行。制卡的著录单位可一文一卡，相同内容的文件亦可一卡多文，多主题的文件可一文多卡，内容单一的案卷也可一卷一卡。卡片的项目一般包括专题名称、类、项、目、责任者、时间、档号、文件内容与成分简介。

第五，卡片的分类和排列。分类一般是以文件的内容来划分。排列方法比较常见的有两种：一是按类—项—目—年度—重要程度排列；二是按类—项—目—问题—时间的顺序排列。

（五）人名索引

人名索引是揭示档案中所涉及的人物并指明其出处的检索工具。人名索引一般由人名和档号两部分组成。利用者借助人名索引，可以查到记载某一人物的材料。

人名索引从体例上可分为综合性人名索引和专题性人名索引。综合性人名索引是将档案中所涉及的人名都编成索引，专题性人名索引是根据所列专题范围（如任免、奖惩等），对涉及该专题的人名编制索引。

人名索引一般按姓氏笔画、汉语拼音字母顺序或四角号码等方法排列。

（六）全宗指南

1. 全宗指南的概念与作用

对立档单位及其档案的内容和成分等情况进行报道的材料。

编写全宗指南可以为利用者检索档案提供基本线索，为实际利用全宗中的具体案卷、文件提供基本背景材料。在具体利用全宗内的某些具体案卷、文件时，如果利用者对全宗总体情况毫无所知，则往往难以理解其意义、判断其价值，难以搞清案卷之间、文件之间的关系。有了全宗指南，使利用者掌握了具体利用某些档案时应该具备的基本背景知识，从而有助于提高利用档案的效率。

2. 全宗指南的结构

（1）立档单位历史沿革简介

立档单位历史沿革简介一般由立档单位的名称（全称、简称）和性质、成立时间、地点及相关历史背景，立档单位的隶属关系、职能、任务及职权范围、所辖区域、内部机构设置及其演变情况（增设、撤减、分设、合并、更名等）、主要活动情况、经历的重大事件、执行的特殊任务、主要官员姓名及其变化情况等部分组成。如果立档单位已被撤销或合并到其他单位，应说明撤销或合并的时间及原因以及继承或代行职能机关的名称。

（2）全宗历史概况

全宗历史概况一般由以下部分组成：档案的来源；数量（案卷数）、排架长度、分类原则；完整程度；鉴定、移交、销毁情况；起止日期；保管完好程度、是否原件；进室时间、方式；进馆（室）前的保管与整理情况、进馆（室）后的保管与整理情况；档案被利用情况；档案编目情况；检索工具情况及其他需要说明的问题等。

（3）全宗内档案内容和成分介绍

全宗内档案内容和成分介绍的结构一般与该全宗档案的实际分类体系相对应。由于分类体系有多种形式，全宗内档案内容和成分介绍的结构亦可有多种形式。如按机构，或按职能，或按专题，或按年代，或按名称等进行分类，如有必要类下再设项，再按类项分别对全宗内相关档案的内容和成分进行介绍。现代的综合档案室在编写全宗介绍时，往往先将全宗档案按文书档案、科技档案、专门档案分为三大部分，每部分再设类项进行介绍。全宗内档案成分的介绍一般与档案内容的介绍同步进行，即在介绍某类项档案的内容之前或之后，对这部分档案的成分予以介绍。成分介绍一般涉及档案的来源、文件的作者、档案的形式（文件名称，使用非汉字文字和非纸质载体档案的情况）及形成时间等。对档案内容的介绍，一般应首先考虑按全宗内档案的实际分类体系形成总的框架，再结合问题、重要程度、形式等进行介绍，介绍深度依据档案的重要程度和数量状况灵活掌握。在对档案的内容和成分进行介绍时，根据需要还可对档案的可靠程度和利用价值作简要评述。在逐类项进行介绍之前，若有可能，最好能对整个全宗档案的内容和成分作概括的总述。

（七）档案室指南

档案室指南是全面、系统地介绍机关档案室及其收藏档案情况的工具书，又称档案室介绍。

档案室指南一般包括两部分内容。

第一，档案室概况。包括档案室成立时间、隶属关系、设备状况、人员条件、服务范围、利用手续、规章制度等。

第二，室藏档案情况介绍。一般以类为单位逐一介绍，如档案数量、内容与成分、完整程度、利用价值等。

(八) 档案馆指南

档案馆指南是以文章叙述形式概要介绍档案馆及其馆藏档案情况的工具书，又称档案馆介绍。

档案馆指南的内容及结构主要包括说明或序言、档案馆概况、馆藏档案概况、馆藏档案介绍、馆藏资料介绍、索引和附录等。

1. 说明或序言

说明或序言一般置于正文之前。它应说明编写指南的目的和意义、体系结构、材料排列顺序、使用方法及编著的简要过程。还可概要指明馆藏档案资料的利用价值，以引起利用者的重视。

2. 档案馆概况

档案馆概况包括档案馆的历史沿革、隶属关系、性质与职能、内部机构设置、历任馆长姓名、馆内布局、开放时间、利用手续、规章制度、服务设施等。

3. 馆藏档案概况

馆藏档案概况包括馆藏的特点、种类、数量、时间、来源，档案的整理、鉴定、保管、统计、检索、提供利用等情况。

4. 馆藏档案介绍

馆藏档案介绍是档案馆指南的主体和核心部分。一般是以全宗为单位进行介绍，如全宗名称、全宗号、档案数量、起止时间、档案内容和成分简介等。其中，全宗内档案内容和成分简介，既要简明扼要，又要能客观地揭示档案的内容和成分。

5. 馆藏资料介绍

馆藏资料介绍是介绍资料的来源、种类、数量、名称、内容、分类整理方法等。

6. 索引和附录

索引和附录包括以下内容。

第一，关于利用档案的有关规章制度，如查阅档案、资料的办法，开放档案的办法等。

第二，指南中有关的机构名称、人名、地名的索引或简称表等。

第三，其他图表、照片等必要的辅助材料。

第二节　档案的统计

一、档案统计工作

（一）档案统计工作的概述

1. 档案统计工作的概念

档案统计工作，是用表册、数字的形式，对档案和档案工作中的许多现象的数量关系进行登记、整理、分析和研究，从而揭示其发展过程、现状及其一般规律的一项档案业务工作。

2. 档案统计工作的基本任务

档案统计工作的基本任务，就是要经常地对档案和档案工作的规模、水平、程度、结构、速度、比例关系以及档案形成规律，在一定的地点、时间、条件下进行登记、统计调查和分析，为制定计划和检查工作以及总结经验教训提供数据，并为反映档案事业发展向国家提供丰富、准确的统计资料。

3. 我国档案统计工作体系

第一，由国家档案局组织实施，国家统计局指导监督的全国档案工作基本情况统计已经纳入国民经济和社会发展的统计体系中。

第二，由国家专业主管机关组织实施的专业系统档案统计工作。

第三，由地方档案行政管理机关组织实施的地方档案统计工作。

第四，各档案馆或档案室根据自身工作需要，组织针对本单位实际情况的统计工作，这一统计工作是档案统计工作的主体部分，是上述三方面统计工作的基础。

（二）档案统计工作的要求

档案统计要具有四性：准确性、及时性、科学性和连续性。

1. 准确性

统计工作是用数字语言来记述事实的，因此要认真填写每一份表格，每一个数字，实事求是，防止弄虚作假，保证统计数据的客观性。

2. 及时性

统计工作有严格的时间要求，各项统计工作必须及时，否则会给决策工作带来影响。

3. 科学性

档案统计应按统计法和国家有关规定的要求，运用科学的标准和方法去收集、整理、分析统计资料，制作通用统一的档案统计报表，规定统一格式和标准，明确统计的范围、内容、项目和要求，使档案统计工作更加科学化。

4. 连续性

为了保证统计工作的质量，统计工作必须连续进行，对有关内容的统计一定要有始有终，不能间断。时断时续或有始无终的统计，不能反映统计对象的发展、变化过程。

（三）档案部门的登记工作和统计工作

档案部门的统计工作是由档案登记和档案统计两方面组成。登记工作是统计工作的基础，统计则是在登记的数据基础上进行基本数字的概括。

1. 档案登记

档案登记是在档案管理的实际工作过程中，记录反映档案管理的过程、状况及各类数据。为进行更有效的管理，为日后的统计提供事实依据和数据支持，档案登记一般需使用专门的登记工具（形式）、专门的登记方法并形成专门的登记制度。

档案登记主要涉及档案数量和状况、档案工作状况两方面。

（1）档案数量和状况的登记

档案数量和状况的登记主要是为了记录档案数量和状况的基本情况及变化过程，为有效管理提供事实与数据依据。主要有以下几种形式。

①卷内文件目录与案卷目录。卷内文件目录是对卷内单份档案文件进行登记，它既是档案整理工作中的一种编目，也对卷内档案文件起到统计数量的作用。案卷目录是登记每一个案卷题名和其他状况的簿册，它是一种基本的编目形式和基本检索工具。这两种目录是档案室必备的，是档案统计工作的基础。

②档案收进登记簿是档案馆和规模较大的档案室用以登记、反映档案收进情况的书本式登记形式，一般以收进档案次数及次序为单位进行逐项登记。即每收进一次档案，即形成一个条目。

③档案移出登记簿。档案移出时，必须在档案移出登记簿上登记。档案移出登记以档案移出的次数为单位。

④总登记簿又称流水登记簿。它是档案室用于全面记录和反映档案收进、移出变化情况和实存数量的一种综合性书本式登记形式。一般以案卷目录为单位进行登记。每一案卷目录的有关情况即为一个登记条目。

⑤案卷目录登记簿。档案馆或档案室用以对所有全宗的案卷目录进行记录、管理的书本式登记形式。它以案卷目录的本（册）为单位进行登记，每一本（册）案卷目录即为一个条目。

⑥档案销毁登记簿，也叫档案销毁清册。档案经过鉴定后，凡无须继续保存、需要销毁的须以全宗为单位编制销毁清册。档案销毁清册既是档案机构销毁档案的依据，又是日后查考档案销毁情况的凭证。

⑦全宗名册是对档案部门所保存的每一全宗进行全面登记的一种登记形式，主要应用于档案馆和保存较多全宗的档案室。

⑧全宗单是详细登记每一所存全宗基本情况的登记形式，主要应用于档案馆和保存较多全宗的档案室。全宗单以全宗为单位分别登记，可以反映每个全宗档案入馆后的全部变化情况。基本内容由三部分组成：有关全宗的一般情况、未整理编目档案和已整理编目档案。

⑨全宗卡片。它是档案行政机关为掌握、了解档案馆保存的全宗状况和目的卡片上。

⑩档案成分和数量变化情况报道表。它是档案馆按要求向档案行政部门报送的一种全面记录、反映档案成分和数量变化情况的报表式登记形式，与全宗卡片结合使用。档案行政机关接到此表后，根据表中"报道"的内容，在已收存的全宗卡片上进行相应的补充登记。

（2）档案工作状况的登记

档案工作状况的登记主要涉及档案工作过程中发生的一些重要情况和一些基本的工作行为、事实、数字，其中提供利用工作是其登记的重点内容。具体登记形式有以下几种。

①利用者登记是档案馆以及规模较大的档案室对初来馆、室利用档案的利用者进行记录的一种登记形式，即每一利用者在初次到某一档案部门利用档案办理有关利用手续时，由档案部门对其进行的初次登记。它有利于档案馆、档案室掌握服务对象的情况，又是利用者领取阅览证的凭证。

②阅览室入室登记簿是档案馆阅览室准予利用者入室阅览的一种登记形式。日后可成为对利用人数、人次进行统计、分析、研究的重要依据。

③借阅单是利用者在档案馆阅览室中申请借阅档案，档案利用服务人员向其提供、收回档案的一种凭证登记形式。

④档案借出登记簿是专用于档案被借出档案馆或档案室外供利用者利用时的书本式登记形式，也是利用者借出和归还档案文件时与档案部门履行交接手续的一种凭证。

⑤档案借阅情况登记簿是全面、系统记录档案提供利用情况的综合登记形式。既是档案机构记录、掌握提供利用情况的一种登记形式，又是档案机构向利用者具体提供档案时履行交接手续的一种交接凭证。

⑥利用效果登记表是档案部门对档案利用效果进行跟踪调查，收集利用效果反馈信息的一种调查性登记形式。也是统计利用档案所获得的经济效益和社会效益的重要依据。

⑦档案利用登记簿是全面、系统地记录档案利用情况的综合性登记形式。

⑧档案复制、摘抄登记簿是专门用于对档案在利用中被复制、摘抄的情况进行登记的一种登记形式。同时具有复制、摘抄申请，履行批准手续和确认复制、摘抄事实的凭证性质。

除上述形式外，档案工作仍在其他方面有登记的必要。例如，档案出入库登记，档案清点、检查登记，人员进出库登记等。各档案部门可根据自己的实际需要选择档案登记形式。

2. 档案统计

档案部门目前经常进行的统计工作有以下几种。

（1）档案数量的统计

档案数量的统计是最基本的统计。一般包括档案收进数量、移出数量、销毁数量、实存数量等项目，可按月进行统计，并作季度和年度合计。档案数量的统计，除上述总数统计外，还可作分类统计。例如，不同种类、不同类别、不同保管期限、不同机密等级的档案数量的统计。其依据是档案总登记簿和收进登记簿。

（2）档案工作的统计

①档案整理情况统计是指对已经整理编目和积存未经整理编目的档案数量的统计。其依据是全宗单、档案成分和数量变化情况报道表、案卷目录登记簿。

②档案鉴定情况统计包括保存和销毁两种情况的统计。保存的档案还可分别以永久、长期或30年以及短期或10年等不同保管期限来进行统计。档案鉴定情况的统计，反映出不同保管价值的档案数量，是根据案卷目录和销毁清册进行统计的。

③档案保管情况统计一是指档案遗失、损坏、泄密等情况的统计，并注明其原因和情况分析。二是指档案库房面积、柜架等设备条件的统计。其依据是案卷目录和检查情况记录。

④档案利用情况统计包括借阅人数、调查数量、利用效果、档案利用率的统计。其依

据是档案利用登记簿、利用效果登记簿。

（3）档案机构、档案干部的统计

对档案机构的统计是对档案馆、档案室的类型，档案机构的级别以及隶属关系等进行统计。对档案干部的统计，是指统计专职或兼职人员数量、构成情况（包括年龄、性别、文化程度、职称、从事档案工作年限、受档案专业教育或培训情况等）。

（4）档案统计台账

档案统计台账又称综合性统计，是为档案馆、档案室年度工作总结时，编制综合情况统计需要而编制的。包括档案目录统计表，专兼职档案人员情况表，档案交接文据表，库存资料统计表，各类档案情况统计表，档案用房、设备情况表，历年档案利用情况表，档案库房温湿度情况表，档案移交清册等。

二、档案统计工作的内容

档案统计是按照国家档案统计制度，对档案工作领域中的各种现象的数量关系进行调查、分析和研究，从而揭示档案管理的现状及一般规律。

目前，我国档案统计工作分为 4 个层次的内容。

第一，全国档案工作基本情况统计由国家档案局组织，国家统计局指导监督，已经纳入国民经济和社会发展统计指标体系之中。

第二，专业系统档案工作基本情况统计由国家专业主管机关组织。

第三，地方档案工作基本情况统计由地方档案行政管理机关组织。

第四，档案馆（室）档案工作情况统计由各档案馆（室）自行组织进行。

上述 4 个层次中，前 3 个层次属于宏观层面的档案事业状况统计，是对各级各类档案部门的机构设置、人员、设备、库房、财务、馆藏规模及管理水平等情况的统计。这类统计反映了全国、各地区、各个专业系统档案事业的发展水平。第 4 个层次是对某一档案机构内部进行的微观层面的统计，主要针对档案管理活动各个方面进行统计，主要包括馆藏量统计、档案构成状况统计、档案利用状况统计、档案用户统计等。这类统计具体反映了档案管理活动的基本情况及档案工作的发展规律。

三、档案统计工作的意义

第一，档案统计工作以表册、数字等形式，揭示档案和档案工作有关情况及发展规律，实行定量管理与定性管理相结合，使档案管理计量化、精确化，对于提高档案管理水平有重要的作用。

第二，档案统计可以准确反映各级档案部门工作的真实状况，便于更好地了解和掌握档案事业规模和档案工作水平，从而对各级档案部门的工作进行分类指导、监督和检查。

第三，档案统计能系统反映档案的数量、增长速度、馆藏档案的状况、档案利用频率等发展趋势，以及人力财力的需求量，可以为制定档案工作方针、政策、档案事业发展规划以及档案的科学管理提供依据。

四、档案统计的步骤与要求

（一）档案统计的步骤

档案统计步骤依次包括统计调查、统计整理和统计分析。

1. 统计调查

统计调查的目的在于获取大量的原始材料，其基本形式有统计报表和专门调查两种。

第一，统计报表。统计报表是下级档案管理机关和档案馆（室）按照统一的规定向上级机关以报表的形式定期报送的文件，是档案统计中最基本、最常见的一种形式，也是档案统计工作的一项制度。

第二，专门调查。专门调查是根据一定的目的和要求临时组织起来的调查，是统计报表的一种补充形式。

2. 统计整理

统计调查获得的资料是分散的、大量的、原始的，为了使这些资料系统反映档案工作情况，必须对它们进行整理。

3. 统计分析

统计分析是对整理出的资料进行分析研究，从中发现和总结出具有典型性的经验教训，掌握不同时期档案工作的发展水平，以便进一步提高档案管理水平s

（二）档案统计的要求

档案统计作为获取反馈信息的手段，要求统计对象恰当，统计数据准确、全面、系统，统计方法和统计指标科学、合理。

1. 统计对象恰当

档案统计的对象应选择能够恰当反映档案工作情况的基本方面和关键因素。如馆藏档案数量和质量、档案建筑与设备、档案工作机构的数量和状态、档案人员的年龄和学历、档案事业经费、档案利用情况等。

2. 统计数据准确、全面、系统

统计数据的准确性是档案统计的基本要求，必须实事求是，获得准确的统计数据。统计资料必须全面、系统，切忌零碎不全。只有从系统的统计资料中，才能总结出档案工作的规律。

3. 统计方法和统计指标科学、合理

应用科学的统计方法搜集、整理、分析数据和资料，制定规范化的统计报表，规定统一的格式和标准，明确统计的范围、内容和要求，合理设计统计指标体系。

（三）档案统计指标

档案统计指标是指反映档案及档案工作现象的指标名称及其数值。如全宗数、利用人次、检索效率等。

1. 档案统计指标的种类

根据档案管理和研究目的的不同，档案统计指标分成三个不同的种类。

第一，按统计指标的内容，分为管理状况指标和利用指标。档案管理状况指标包括馆藏量、全宗数、档案整理状况、档案鉴定情况、档案流动情况（档案收进、移出数量）等；档案利用指标包括利用人次、利用案卷数、利用率、检全率、检准率等。

第二，按统计指标的性质，分为数量指标和质量指标。数量指标是反映档案、档案工作规模及总体数量多少的统计指标，具有实体计量单位，如档案人员数、保存档案数、库房面积等；质量指标是反映档案工作现象相对水平或质量的统计指标，如保存和销毁案卷的比例、年利用率、检索效率等。

第三，按统计指标的表现形式，分为总量指标、相对指标、平均指标。总量指标是反映档案及档案工作总体现象规模的统计指标，以绝对数的形式表现，如案卷数、库房面积等，反映全国或某一地区、某一部门在一定时期内档案工作的规模或水平；相对指标是两个有联系的总量指标相比较的结果，用相对数（百分比）来表示，如电子文件在馆藏中的比例、档案利用率等；平均指标是按某个数量标志说明总体单位的平均水平，如平均复制量、年平均整理案卷数量等。

2. 档案统计指标体系及设计要求

各种统计指标不是孤立的，而是互有联系的，如总量指标常与数量指标相一致，质量指标常用相对数、平均数表示。利用统计指标中相对指标、平均指标用得较多，而总量指

标又是计算相对指标和平均指标的前提和基础。若干个互有联系的统计指标相结合就构成了档案统计指标体系。用一系列反映档案工作相互联系的统计指标体系来揭示档案管理的整体运行状况，才能比较真实、全面地反映档案工作的实际情况，使统计资料更为确切可靠。

档案统计指标的设计要求如下。

第一，要反映我国档案事业的发展现状和特点，适应我国档案管理的原则，统计内容要尽可能全面地反映我国档案工作状况。

第二，要符合档案工作本身的性质、特点和运动规律。

第三，要考虑到管理的要求或研究的目的，使统计指标体系具有实用性。

第四，从整体和全局考虑各个档案统计指标之间的联系，形成一套多层次、多系统的统计指标群，以便全面描述档案工作现象和过程的各个方面。

第五，统计指标的选择要注意统一性和稳定性，注意计量单位和计算方法的科学与统一。

五、档案统计调查与统计资料的整理

（一）档案统计调查

1. 档案统计调查的任务

档案统计调查是根据管理的目的和要求，采用科学的方法，有计划、有组织地搜索和统计资料的过程。

档案统计调查的基本任务是取得各种原始数据和资料，对其中的有关数据进行核算。根据管理工作的需要进行定期调查和不定期调查、普遍调查和专门调查，为统计资料的整理和统计分析奠定基础。

2. 档案统计调查的方法

（1）按组织形式，分为统计报表和专门调查

统计报表是按照上级主管部门颁发的统一表格，由各级档案部门根据一定的原始记录和核算资料，按照规定的时间和程序，自下而上地提供统计资料的一种调查方式。专门调查是为了特定的目的而专门组织的调查。

（2）按调查范围，分为全面调查和非全面调查

全面调查是对调查对象中的所有单位和所有数据进行全面搜集，普查就是一种全面调

查。非全面调查只是对调查对象中的部分单位进行调查，局限于特定的范围或方面，重点调查、典型调查和抽样调查都属于非全面调查。

重点调查是在调查对象中，选择一部分重点单位作为样本进行调查，主要适用于那些反映主要情况或基本趋势的调查。典型调查是从众多的调查研究对象中，有意识地选择若干个具有代表性的典型单位进行深入、周密、系统的调查研究。进行典型调查的主要目的不在于取得总体数值，而在于了解与有关数字相关的具体情况。抽样调查是从全部调查对象中，抽选一部分单位进行调查，并据此对全部调查对象进行估计和推断的一种调查方法。抽样调查的目的在于取得反映总体情况的信息资料，因此，也可起到全面调查的作用。

（3）按照调查时间的连续性，分为经常性调查和一次性调查

经常性调查是随着调查对象的变化，连续不断地进行的调查。一次性调查是调查被研究对象在某一时间点上的发展状态，可按档案管理工作的需要，按一定的时间间隔定期或不定期地进行，但在时间上是不连续的。

（4）按取得资料的方法，分为直接观察法、报告法和采访法

直接观察法是调查人员到现场直接对调查对象进行观察、登记。报告法是报告单位利用各种原始记录和核算资料，向上级有关单位提供统计资料的方法，如统计报表。采访法是根据被调查者的答复来搜集调查资料的方法。

（二）档案统计资料的整理

档案统计资料的整理，是对统计调查得来的资料、数据进行分组汇总，使之条理化、系统化，以反映统计对象的总体特征。包括统计资料的审核、统计分组、统计汇总和填写统计表等工作步骤，而统计分组和档案统计表是整理工作中最重要的内容。

1. 统计分组

统计分组是指根据档案工作内在的特点和统计研究的需要，将统计总体按照一定的标志区分为若干组成部分的一种统计方法。其目的是把同质总体中的具有不同性质的单位分开，把性质相同的单位合在一起，保持各组内统计资料的一致性和组间资料的差异性，以便进一步运用各种统计方法研究档案工作现象的数量表现和数量关系，从而正确地认识档案工作的本质及其规律，并做出评价。

分组标志是统计分组的关键。分组标志选择的是否正确，关系到能否揭示档案工作现象本质以及能否实现统计研究的目的。所谓分组标志，是统计分组赖以划分资料的标准或依据，主要有品质标志和数量标志两种。

（1）品质标志

按照事物的质量或性质差异分组。例如，将档案馆按类型分组，利用者按职业分组等。按品质标志分组能直接反映事物性质的差异，给人以具体、明确的印象，这种分组标志具有相对稳定性。

（2）数量标志

按照事物的数量属性进行分组。例如，按照馆藏卷数分组，可分为5万卷以下为一组，5万~10万为一组，10万~20万为一组。按数量标志分组能够通过数量差异来区分各组的类型和性质。在进行数量标志分组时，要注意数量界限必须能反映各组的质量差别，这样才能揭示现象在量变中质的变化。

在档案工作中，可从如下几个方面进行统计分组。

第一，对档案管理对象进行分组，即对档案实体、设备、档案人员、档案机构等进行分组。如按照档案类型、档案馆类型、馆藏档案数量、全宗类别或全宗群等来分组。

第二，对档案管理活动和档案工作的各项业务及其工作过程进行分组。如按照工作量（调卷数）、工作效果（检索效率）、工作方式（服务方式）等来分组。

第三，对档案利用者进行分组。如按照职业、文化水平、年龄、性别、利用目的等进行分组。

2. 档案统计表

档案统计表是对被研究的档案工作现象和过程的指标数字加以叙述的图表。

（1）档案统计表的结构

第一，标题。即统计表的名称，位于表的顶端中央。

第二，统计项目。表示档案工作各种现象的名称，如案卷数、馆藏数量等，分纵栏和横栏列出，称作纵标目和横标目。

第三，指标数字。它是各项统计的结果。

第四，计量单位。如卷、人次、平方米等。

第五，附注。包括资料来源等。

（2）统计表的种类

第一，简单表。简单表对所反映的对象未经任何分组，具有一览表的性质。

第二，分组表。对统计项目按某一标志进行分组的统计表。

第三，复合表。即对统计项目按两个或两个以上标志进行分组的统计表。复合表能比较全面、准确地反映档案工作状况，在对档案工作现象进行综合统计时用得较多。

（3）档案统计表的设计要求

第一，宜紧凑不宜烦琐，应合理安排各项目的序列。

第二，一系列统计表之间、各项目之间、总标题与各项目之间应构成互有联系的有机整体，避免交叉重复。

第三，统计表的标题、统计项目名称应精确。总标题应简明确切地反映统计表的内容，并标明统计资料的所属地区和时间。表中的项目名称应明确，不可模棱两可。

第四，表簿形式、规格应统一、规范。表中应指明计量单位的名称，并注明资料来源、填报单位、时间及制表人。

六、档案统计分析

档案统计分析是对反映档案工作现象的大量统计数据进行综合分析，从中发现问题、说明问题，为科学管理档案提供依据，是整个统计工作的最后阶段。通过统计分析，可以透过现象掌握本质，揭示档案工作发展的规律。因此，统计分析是提供统计研究成果的阶段，也是发挥统计作用的阶段。

（一）档案统计分析的原则与步骤

1. 档案统计分析的原则

第一，以全面、联系、辩证的观点来观察问题、分析问题，反对形而上学的分析方法。

第二，以大量的、充分的统计资料为依据，切忌主观随意性。统计资料反映了档案工作大量的现实情况，只有在这些数据材料的基础上，进行认真的、深入的分析研究，才能发现问题，找出矛盾，提出解决问题的方法。如果离开统计数字就不能称其为统计分析，要保证统计分析的科学性、合理性，必须以可靠的数据为基础。

第三，切忌就数字论数字，要从大量的原始数据中分析档案工作的发展水平和变化趋势，研究各项业务之间的相互联系和平衡关系。做到质与量相互联系，避免抛开事物的质去分析事物的量，把统计分析变成"数字游戏"。

2. 统计分析的步骤

第一，选题。明确统计分析的目的，根据具体的工作需要，选定需要分析的问题。选题须有现实意义和针对性，不能脱离实际。

第二，收集和鉴定统计资料。资料的来源有定期统计报表、平时积累的统计资料、向有关部门搜集的资料、典型调查的资料等。统计资料收集齐全后，要对资料的完整性、可靠度以及适用性加以鉴定，对有错误的资料进行重新调查，或加以调整。第三，选用适当的统计分析方法进行具体分析。要根据分析的目的灵活运用各种分析方法，从地区上、时间上、结构上、相互联系上进行系统、深入、细致的分析。

（二）档案统计分析方法

1. 动态分析法

动态分析法，即运用统计表中的动态数列来说明档案工作现象发展变化规律的统计分析方法。所谓动态数列，就是把反映某种现象在时间上的变化的一系列统计指标，按时间先后顺序排列而成的数列。

档案工作现象是不断变化的，其水平、规模、结构及其比例关系的变化反映了档案工作发展的过程、特点及规律，动态分析法就是一种研究档案工作现象发展与变化的重要方法。

常用的动态分析指标有发展水平、增长量、发展速度、增长速度等。

（1）发展水平

发展水平是指动态数列中的各项总量指标，反映某种档案工作现象在一定时期或时点上所达到的水平，是计算其他动态分析指标的基础。动态数列中的第一项指标称最初水平，最后一项指标称最末水平，数列中各项指标的序时平均数（即把各时期指标加以平均得到的数值）称平均水平。通常还把所研究的那一时期的指标水平叫报告期水平。把与报告期对比的指标水平叫基期水平。

（2）增长量

增长量是指在一定时期内所增长的绝对数量，它等于报告期水平与基期水平之差（正数表示增长，负数表示减少）。增长量由于基期不同可分为两种：一种是累积增长量，即以报告期水平减去基期水平；另一种是逐期增长量，即以报告期水平减去前期水平。

（3）发展速度

发展速度是数列中报告期水平与基期水平之比，可用倍数表示，也可用百分数表示，即增加到若干倍或百分之几。

发展速度由于所用的基期不同，分为定基发展速度和环比发展速度。定基发展速度即动态数列中各报告期水平与基期水平之比，它说明长期发展情况；环比发展速度即动态数列中各报告期水平与前一期水平之比，它说明短期内的变动。

发展速度不仅标志着现象发展的方向，而且还指明发展的程度。当发展速度大于1（或大于100%）时，说明发展趋势是上升；当发展速度小于1（或小于100%）时，说明发展趋势在下降。

（4）增长速度

增长速度是报告期增长量与基期水平之比，用以说明报告期水平比基期水平增加了多少倍或百分之多少，表示现象的增长速度，即增加了多少倍或百分之几。

增长速度也可分为定期增长速度和环比增长速度。定基增长速度指累积增长量与基期水平之比；环比增长速度指逐期增长量与前一期发展水平之比。增长速度的计算公式如下。

增长速度＝增长量/基期水平

发展速度和增长速度都是相对指标数，它们说明现象发展和增长的相对程度。

2. 分组分析法

分组分析法，是对统计资料按一定标志进行分组分析和研究。通过将档案工作的各种现象分成不同类型的组，可以深入认识档案工作总体构成与现象之间的相互关系，使档案统计分析的结果具有针对性，便于档案管理有计划、有重点地进行。

正确地选择分组标志，是获得有价值的统计分析结果的前提。分组标志是根据统计分析的目的，即所要研究的问题来选定的。常用的分组标志有档案类型和利用目的。

第一，档案类型用以研究档案馆档案构成的状况。

第二，利用目的用以研究档案的利用情况。

3. 综合分析法

综合分析法是利用综合指标分析档案工作现象总体特征及其相互联系的方法。它将总量指标、相对指标和平均指标结合应用，能更全面和更深刻地说明档案工作现象的特征及其发展规律。

在运用综合指标进行分析时应注意以下几点。

第一，在绝对数统计分析中必须合理应用计量单位，否则就不能准确反映档案工作领域具体的量。

第二，相对数用以说明档案工作过程中两个相互联系的指标的对比关系，所以保证指标的可比性是运用相对数的基本原则，用来对比的两个指标所包含的内容、范围和计算方法必须与计算某一相对数的目的和用途相适应，若用不可比的指标计算相对数，会歪曲现象之间的联系。

第三，分析时应将绝对数和相对数结合应用。相对数在表明现象间的联系和变化程度时，把现象的具体规模或水平抽象化了，因此几个同类相对数的比较，只能反映程度，而不能反映规模或水平绝对量的差别。因此，为了全面研究问题，得出正确结论，须把相对数与绝对数结合起来进行分析。

第四，在统计分析时将几种相对数结合应用，可从多方面说明档案工作情况。相对数有以下几种。

①计划完成相对数：即同一时期实际数与计划数之比，说明计划的完成程度及执行情况。

②结构相对数：即部分数值与总体数之比，反映部分在全体中所占比重。

③动态相对数：即同一现象在不同时期两个数值之比，反映同一现象在不同时期上的变动程度。

④比较相对数：即同一时期两个性质相同的现象的数值之比，表明同类现象在不同条件之下的对比关系。

⑤强度相对数：即两个有联系的不同总体总量指标之比，用以说明现象的相对发展速度或疏密程度，又称密度相对数。

各种相对数作用不同，反映了现象之间的多方面联系，结合运用可以更深刻地揭示现象特征。

第五，在运用平均数时，应遵循总体同质性的原则。只有同类现象才能计算平均数，否则就会歪曲现象的真实情况。此外，需要分组计算平均数和典型材料来补充说明总平均数。因为总平均数在一定程度上掩盖了各单位数量上的差异，总体内部构成越复杂，这种掩盖就越严重。

（三）档案统计分析的表现形式

统计分析的结果须用特有的形式明确表现出来。采用何种形式，要根据分析的对象、内容和解决的问题来决定。统计分析的表现形式主要有统计分析报告、文字说明和统计图三种，以下对统计分析报告和文字说明进行介绍。

1. 统计分析报告

统计分析报告是一种常用的重要的表达统计分析结果的形式，包括下面几种。

（1）定期分析报告

主要是对计划执行过程进行检查分析，一般按月、季、年定期检查分析计划执行情况，写出报告。内容包括计划完成程度、完成与否及原因、计划执行中存在问题和发展趋势，有哪些薄弱环节，改进工作的建议和措施等。

（2）专题分析报告

这是根据某一时期的中心工作，针对某一专门问题，进行深入细致的分析后提出的报告。特点是重点突出，内容专一。

（3）综合分析报告

这是对研究对象进行综合分析所做的报告。内容丰富完整，能充分说明档案工作现象的内在联系和发展规律。

统计分析报告须具有准确性、鲜明性、生动性。具体要求如下。

第一，观点明确，段落分明，运用过去和现有的资料进行比较。

第二，观点和材料相结合，使报告具有说服力。

第三，符合逻辑，如实反映客观事物的内在联系。

2. 文字说明

文字说明是用简短的文字表达分析的结果，一般是指结合统计报告内容所做的说明。

文字说明不应简单地重复计算出来的数字，而应指出数字所反映的问题，揭示隐藏在现象中的本质，说明规律，指出成绩和亟待解决的问题。

第五章　档案信息化管理

第一节　档案信息化管理与建设的基础

一、档案信息化管理与建设的目标

档案信息化的管理与建设目标是根据国家对档案信息化建设的基本要求，在国家宏观政策指导下建立起来的，它主要包括以下几方面的内容：按照电子政务总体建设的要求，实施电子档案工程；依托局域网、公务网和互联网，推进档案数据库建设和办公自动化建设；推进档案事业持续、快速、健康的发展，力争使我国档案信息化建设总体水平接近先进档案馆水平。

（一）加强档案信息化建设的基础工作

国内外有关电子政务的提法很多，如电子政府、虚拟政府、数字政府、政务工作信息化等，其宗旨是指各级政府部门运用现代信息技术和网络技术进行办公，实现政府组织结构和工作流程的重组优化，为社会公众和自身提供一体化的管理和服务。档案馆所收藏的档案信息历来以政府信息为主题，因此电子政务必然与档案信息化有密切的关系。从促进电子政务完善发展的角度考虑，档案信息化建设作为国家信息化建设的重要组成部分，它的目标、任务和原则应在国家信息化战略目标的要求下，结合档案部门的实际情况和工作需要来制定。

档案信息化建设的基础工作包含的内容很多，概括起来主要有以下几个方面：硬件基础设施建设。随着电子政务业务的普及和人们认识程度的不断深入，人们对电子政务建设的要求也越来越高，为了适应电子政务建设的需要，各级档案管理部门应加大力度提高计算机的普及率，加强对档案管理人员的技术培训，用现代的计算机管理代替传统的手工管理，添置各种必需的服务器和客户 PC 机，各级档案管理部门还应配置保证局域网、公务网和互联网安全运行的网络设备和存储设备，购买满足档案数字化需要的配套设备。

加强数据库建设。随着电子政务的不断发展，各级档案管理部门必须根据电子政务建设的要求，建设访问用户的档案检索系统，而档案数据库是档案计算机检索系统的核心部分。各地档案管理部门应本着资源数据共享的原则，不断加强数据库建设，提供更高层次的数据库管理方式，以满足不同层次用户对信息数据的需求。

加强网络环境建设。网络环境建设是档案信息化建设基础工作的重要内容，它包括局域网、公务网和互联网建设。要在信息化的建设中实现"三网并进"的战略，就必须做到如下两个方面：首先依托局域网建设，带动档案管理各个环节的办公自动化，尤其是档案利用服务窗口建设，档案管理的局域网应纳入本地区的局域网信息管理系统，与本地区的公务网、政务网、政府网站同步。各专业、部门、企事业档案馆的网络建设要纳入本系统、本单位办公自动化和业务管理系统。依托公务网、政务网的建设实现电子目录、电子文件数据的接收和传送，依托档案网站的建设，实现档案馆之间的互联互通，从而提高档案资源的利用效率，最大限度地实现档案资源的利用价值。

（二）实现档案资源的整体规划和综合利用

档案管理部门应在"加强统筹规划，促进综合利用，避免盲目发展"的思想指导下，制定档案信息化的整体规划，最大限度地实现档案资源的综合利用。按照"统一、通用、科学、标准、共享"的原则要求，积极推进应用先进的计算机管理软件。按照国家电子政务的基本要求，加强档案计算机管理系统和办公自动化管理系统的衔接和融合，广泛应用文档一体化管理系统；进一步健全档案网站，不断丰富网站内容，有计划地开放数据库，提供网上查询和利用服务，并逐步增加交互式的网上办事功能。加快使用率高的专题数据库建设，不断增加档案信息资源的数量，加快查阅率相对较高的专题数据库建设，不断扩大数据来源和规模，最大限度实现档案资源的综合利用。

（三）实现档案信息资源的社会共享

档案信息资源作为社会信息的基础资源，已经成为衡量档案馆综合实力的一个重要标志，也是档案馆融入社会，提供公共服务的"资本"。如果把档案网络环境比作道路交通设施，把档案馆计算机软硬件当交通工具，档案信息资源就好比亟待流通的"货物"，因此档案资源建设是档案信息化建设的核心，它包括各种载体的档案资料，特别是电子档案的收集、档案馆馆藏资料的数字化和档案信息资源共享体系的建设。它主要包括以下三方面的内容。

1. 电子档案的归档

随着电子政务的不断发展，大量的电子档案和电子目录是今后档案信息的主要增长点，同时也是档案信息资源建设的源头之一。从档案信息化建设的长远考虑，各级档案管理部门必须加强对电子档案的归档、保管、利用的技术手段的管理，制定电子档案的接收标准的管理制度；可根据实际情况，实行纸质档案和电子档案"双轨制"的接收模式，并依托局域网构建电子档案的网上接收平台，开展电子档案目录和电子档案的全文接收，达到省时快捷的建档效果。电子档案目录的建立方便了档案的检索和查找，加速了档案的周转，提高了档案的利用率。

2. 电子档案的数字化管理

传统的档案管理体制下档案多以纸制档案为主，为了适应信息化建设的需要，实现档案信息资源的社会共享，就需要对纸质的档案进行数字化转换。档案信息的数字化包括两方面的内容，即档案目录信息的数字化和档案全文信息的数字化。档案目录的数字化包括全宗级目录、案卷级目录和文件级目录，各级档案馆必须在加快档案著录速度、严格规范著录标引的前提下，建设覆盖馆藏档案的全宗级目录和案卷级目录数据库，一些重要的档案将逐步实现文件级目录的机检，有条件的档案馆可实现全部文件级目录机检。档案全文信息的数字化，应围绕利用需求，以建立高质量的数据库为目标，积极地加以推进。通常是一般的馆藏照片、音视频档案应全部数字化，一些重要的全宗档案、利用率高的馆藏资料和专题文件应逐步进行全文数字化，一些条件比较好的档案馆，可建立多媒体全文数据库，形成档案全文数据中心，这样不但方便了电子文档的检索，也满足了电子文件实现社会共享的需要。

3. 电子档案共享平台的建设

网络环境下的档案信息资源建设，不仅包括自身馆藏的信息资源，还包括馆藏以外的档案信息资源。这种可供双向利用信息资源的实现模式就是建设档案目录中心。档案目录建设的实质是网络环境下各种档案信息资源的"虚拟整合"，以实现更大范围内的资源共享。各级档案馆应有计划地建设本系统的档案目录中心和目录分数据库，并通过公务网与主数据库连接，整合各种利用率较高的专题档案目录，建立机读目录的逐年搜集和送交机制。

（四）加强电子档案的安全保障体系建设

随着档案信息化建设的不断发展，档案信息化的安全问题显得越来越重要。档案信息的安全保障体系建设主要包括以下几方面的内容。

建立保证安全的法规制度。尽管我国已经颁布了一系列的安全管理法规，但还缺少国家级的统领全局的信息安全制度。在有法可依的情况下，档案管理机构本身还必须根据国家相关的法律、法规、规章制度制定符合本单位实际的安全保密制度。

档案信息的安全管理。在电子文件的形成、处理、归档、保管、使用的过程中，档案信息都有被更改、丢失的可能性，即使拥有完善的信息安全技术，也需要有相应的管理措施来保证其得以实施。为此制定安全的管理制度对于维护档案信息的安全就显得十分重要。

首先要建立科学的归档制度。归档时应对电子文件进行全面、认真地检查，在内容方面检查电子文件是否完整，真实可靠的相应的机读目录、应用软件以及其他相关的内容是否一同归档，归档的电子文件是否是最终的稿件，电子文件是否反映产品定型技术状态的版本或本阶段产品技术状态的最终版本，电子文件与其他纸质的文件的内容是否一致，软件产品的源程序与文本是否一致等。在技术方面，应严把质量关，严格检查电子文件是否有病毒存在，确保信息的准确性。

其次是要建立严格的保管制度。所有归档的电子文件都必须做保护处理，使之处于安全的状态。在对电子文件进行处理或对电子文件实行格式转换时，要特别注意转换过程中的信息失真。另外，还必须对电子文件进行定期的有效性、安全性的检查，发现信息或载体有损伤时，及时采取维护措施，进行修复或拷贝。

再次是建立电子文件管理的记录系统。电子文件形成后因载体转换和格式转换而不断改变自身的存在形式，如果没有相关的信息可以证明文件的内容没有发生任何变化，人们是无法确认它的真实性的，因此应该为每一份文件建立必要的记录，记载文件的管理内容情况，确保信息的准确可靠。

最后是要维护公共设施的安全。随着电子档案信息应用范围的不断扩大，数字档案信息的安全工作也日益重要。目前威胁数字档案信息物理安全的因素主要有：机房、办公室管理不严，人员随意出入，对电脑文件、数据、资料缺乏有序的保存管理，工作人员对技术防范手段、设备认识不足，缺乏了解，操作不当造成设备损坏，内部网、电脑办公网与互联网混用。

二、档案信息化管理与建设的内容

档案信息化管理与建设是一项庞大的系统工程，它的最终目标是实现档案信息资源的共享，为了避免各地信息化建设各自为政，国家有必要制定与信息化建设配套的规划标准以及相应的法律法规来保证信息化建设的正常进行。

（一）档案信息化的规范化建设

标准规范化是实施档案信息化建设的重要内容之一。在档案资源的收集过程中，资源的存在形式是多种多样的，社会对信息资源的需求形式也是多种多样并在不断地发生变化的，因此没有标准化的规范体系，数字资源很难保证其内容的长期保存、有效的操作、数据交换、永久性的保管，更难以实现信息资源的社会共享。

目前，我国档案信息化系统建设层次标准不一，各种标准的规范性、标准性、共享性较差，还不能完全适应档案信息化建设共享的社会需求。从信息化建设的科学性要求和解决目前信息化建设中存在的各自为政、相互封闭、重复建设的问题出发，在档案信息化建设中必须总体规划，制定统一的规范化标准，这是做好信息化建设的最基本的工作，也是必须做好的首要工作。

所谓标准，"是对重复性的事物和概念所做的统一规定。它以科学技术和实践经验的综合成果为基础，经有关方面协商，由主管机构批准，以特定形式发布，作为共同遵守的准则和依据"。

所谓标准化是指在经济、技术、科学及管理等社会实践中，对重复性的事物和概念，通过制定、发布和实施标准，达到统一，已获得最佳之需和社会效益。

档案信息化的最终目的是实现档案资源的社会共享。档案信息化体系建设是以档案信息资源库建设为核心，以信息技术的应用为手段，以网络建设为基础的系统工程。档案信息资源体系建设涉及各种数据、网络建设和应用体系开发等各方面，档案信息标准是档案信息资源共享体系建设的重要保障。

标准统一是实现网络信息互通、信息资源共享的前提条件。标准规范体系包括管理、业务、技术三个方面。管理性的标准规范包括计算机安全法规与标准，工作人员、用户及设备管理规范，利用管理规定数字档案信息资源合法性的确认等。业务性标准规范包括术语标准以及相关电子文件和电子档案管理的标准、规范。技术性的标准规范可分为硬件、软件、数据标准等三个方面。硬件包括计算机、网络服务器、网络通信等电子设备，软件包括系统软件和应用软件数据，标准是确保档案的通用、共享与交换，确保在软硬件环境变化时档案数据的完整、安全与有效。

（二）档案信息化基础设施的建设

软硬件的基础设施建设。网络的建设是以计算机为基础的。它是用基本设施和线路，将多个计算机连接起来，再用网络的信息软件进行信息的传递，实现资源的共享。网络的建设是以计算机为基础的。网络硬件的基础设施主要包括网络的布线、交换机、路由器、配线柜、电源等设备、终端计算机、输入输出和存储以及编辑等设备形成完善的网络系统。软件系统包括网络管理软件、服务器数据管理、互联网的节点控制等。

网络的数据库建设。用现代化的管理手段代替手工管理方式，对收集来的档案信息资源进行信息化的处理和存储。数据库是档案网络化建设的重要组成部分，是重要的网络资源，要加强网络化建设，就必须加强数据库档案资源的信息化建设。

数据库管理人员的培养。数据库管理队伍的建设是档案信息化建设的重要组成部分。当前档案管理的整体素质建设与信息化建设的总体要求还有较大的差距，因此档案信息化建设必须依靠加强人才队伍的建设来提升和改造传统的档案管理和利用方式，在档案信息化建设的过程中，整个人才队伍的建设包括：一是档案信息化建设的组织领导体系。负责档案信息化建设的决策、规划、推进、指挥，为档案信息化建设提供良好的工作环境。二是具有领导能力、富有组织领导责任的领导人。这些人具有信息化的意识和时代的紧迫感，能够在自己的领域内，大力推进档案信息化的进程。三是数据库管理人员。他们负责档案信息化建设具体内容的实施，他们是档案信息化建设的骨干力量，现有的大部分档案管理人员缺乏信息社会应有的整体素质，所以目前人才建设的重点是立足于现有人员的培养提高，培养档案管理者的整体素质，把数据库管理人员作为重点培养的对象。

（三）档案信息资源的建设

档案信息资源的开发利用是信息化的核心工作，是信息化工作取得实效的关键。目前，我国信息资源在开发利用中还存在许多问题，信息资源的开发不足，利用效率不高，基础设施和应用系统落后，政务信息公开不快，跨部门信息共享困难等，所有这些都严重制约了我国档案信息化建设的发展。档案的信息化建设要想在信息化的社会中求得生存和发展，就必须把档案管理融入信息化的网络环境中，才能提高档案的利用率，提升档案自身的利用价值。

档案信息资源包括的主要内容：一是接收的电子文件档案。对电子文件的接收和管理是档案信息资源建设的重要内容。二是馆藏档案。馆藏档案是目前最主要的信息资源来源，是目前档案信息化建设的重点工作。三是网络信息资源的获取。档案信息化建设是我国信息化建设的组成部分，所以它的发展不可能离开整个社会信息化的大环境，档案信息化建设要想不断得到发展，就必须扩展自己的工作思路和范围，这样才能给信息化建设以更大的发展空间。四是其他资源的获取。档案信息资源还包括信息人员、信息技术、信息系统等。

档案信息资源建设的构成体系。一是数字化处理前的准备。档案信息从数字化处理角度可以分为符号信息、静态视频信息、动态视频信息和音频信息。每一种信息都有不同的处理方式，因此要对不同的信息制定不同的处理方案，最大限度地将档案实体上的信息保留下来。因此，档案信息数字化前的准备工作，对数字化档案信息的质量起着十分重要的作用。二是数字化处理子系统。这一部分是整个系统的核心部分，它利用各种设备系统对不同类型的档案信息分别进行处理，然后进入数据库，进行必要的组织和管理。它包括电子文件的处理系统、对电子文件的接收和实行统一规范的管理以及提供网上查询利用服务。三是数据存储子系统。系统可以按不同类型存储在各类数据库和文件系统中。四是档案馆藏数字化处理系统。它是对非数字化的档案采取不同的方法进行数字处理，成为统一的数字化档案信息。

（四）档案信息资源数据库的建设

档案信息资源数据库是档案信息化建设的核心部分，档案信息的数字化、网络化工作都要围绕着数据库建设进行，其工作结果都要存储在数据库中，数据的质量对于数据库的质量起着实质性的作用，其建设要以国际、国家标准为依据，为此必须做到数据的准确性，要保证存储的数据规范、准确。数据准确是对档案数据的最基本的要求，数据的规范要求档案数据库的数据著录项目符合规范要求，对于目录数据库的建设要依照事先确定好的著录标准进行数据库建设。要做到数据的有效性，要采用通用的文件格式标准记录档案数据，特别是对一些图形、图像、声音等全文信息，要采用标准和通用格式进行记录，降低未来有可能进行的数据存储格式转换和数据迁移的成本，杜绝馆藏数据无法读出的情况的发生。最后是数据的稳定性，档案建设重要的数据库结构、数据著录标准确立后，不能轻易变更，以维护系统的稳定和数据规范的连续性。

第二节 档案信息化管理的技术应用

对于档案信息化管理建设，可以从技术方面进行分析。信息技术对档案工作的影响是"双刃剑"。只有正确认识和科学应用信息技术，才能趋利避害，给档案工作发展带来正能量。信息技术在档案信息化领域中的应用前景十分宽广，具体如下。

一、影像技术

影像技术包括数码相机、摄像机管理、多媒体、流媒体、3D 展示、数码压缩、触摸屏等技术，该技术对档案信息化管理的影响如下。

①影像清晰度的日益提高，使多媒体档案的记录质量和利用价值进一步提升，为档案的编研和社会服务开辟了新的领域。同时也使影像档案存储更加海量化，对档案的收集、整理和长期有效保存提出了新的挑战，并对档案存储密度和档案信息传输的带宽提出了更高的要求。

②流媒体、多媒体和数码压缩技术的日益发展，将使多媒体档案的网络传播速度更快，编辑效率也更高，终端播放更加流畅。

③多媒体编辑工具的功能日益强大，并向移动终端延伸，为档案多媒体编研技术的普及创造了条件，也将促进档案多媒体编研工作的广泛开展。

④3D 展示技术提供了档案虚拟展览手段，在档案信息的网络展览和社会化传播方面将有广阔的用武之地。

二、图像采集与识别技术

为了适应多媒体和全媒体技术的飞速发展，近年来计算机图像采集与识别技术日新月异。

（一）图像采集技术

数码摄影、摄像、扫描等图像采集设备的功能日益强大，使用日益便捷，由此催生了海量的、高质量的图像信息。一方面，使多媒体档案的收集、整理、保管、保护面临巨大的压力和难题；另一方面，使档案资源增添大量生动直观的优质信息资源，弥补了传统文字档案可视化不足的缺陷。

（二）识别技术

生物识别、图像识别、磁卡识别、电子标签等识别技术的日益成熟和成本的降低，为档案信息化的应用创造了充分的条件，在辅助档案实体的档案进出库登记、借阅登记、归还登记、入库档案清点、档案库房安全管理工作等方面有广阔的应用前景。

（三）手机二维码技术

该技术已经广泛应用于社会各领域，也可用于档案用户身份识别、文件防伪和网站快速定位等，可显著提高档案信息主动推送和档案网站快速访问的效率，进一步促进档案事业的社会化。

（四）光学字符识别

光学字符识别（OCR）技术能使图像信息迅速转换为文字信息，便于将目前大量扫描形成的图像档案文件转换为档案大数据，便于当代大数据技术的应用，为档案的内容管理和全文检索奠定宝贵的基础。

三、移动终端技术

移动终端技术包括5G通信技术、移动电视、平板电脑、电子阅读器技术等。该技术对档案信息化有着以下重要影响。

①基于5G通信的移动技术，使过去的移动脱机终端向移动互联网终端发展，可将任何公开的档案信息在任何时候提供给任何地点的档案用户，使档案利用彻底打破时空障碍。

②终端的移动性更强，智能化程度更高。智能手机、平板电脑、电子阅读器等性价比迅速提升，使档案的远程移动检索成为可能。

③智能终端操作系统及应用技术迅猛发展，为档案信息采集、处理、编辑、利用、传播提供了丰富的功能，也为档案事业发展提供有力的技术支持。

④人机交互技术日益更新，包括触屏技术、语音处理技术、体感动作识别技术等使移动终端的用户界面更加友好，吸引了越来越多的档案用户，进一步扩大了档案工作的社会影响力。

四、融合技术

融合技术包括三网融合、三机合一和物联网技术。"三网融合"是指电信网、广播电视网、互联网三类网络的融合。"三机合一"是指电视机、计算机、手机三类终端之间的信息互联及功能优势互补。"三网融合"是"三机合一"的基础。物联网是物物相连的互联网，其核心和基础仍然是互联网，可通过识别器、传感器、控制器等技术实现人与物、物与物之间相连。该技术对档案信息化的影响如下。

①使网络用户遍及社会生活的各个领域，档案信息系统只要搭上三网融合、三机合一的伞台，就将显著提升其社会影响力。

②使多媒体信息的制作、编辑、传递、检索更加方便快捷，同时为多媒体信息的广泛

传播及开发、利用提供了先进的平台。

③有利于减少基础建设投入，简化网络管理，降低维护成本，进一步提高网络资源共享利用水平。

④物联网将进一步提高档案自动化管理水平，在自动调阅档案、手机遥测并控制档案库房温湿度等方面有广阔的应用前景。

五、云计算技术

云计算主要应用于大型数据计算领域，在涉及大量数据处理时应用云计算可以极大地提高工作效率。档案的信息化建设是一项十分重要的工作，档案管理工作艰巨而复杂，将云计算技术引入档案的信息化建设中来，可使数据处理效率提高并使存储安全性显著增强，是档案管理信息化建设过程中应采取的一项重要举措，对于档案的信息化建设具有重要的战略意义。下面将分析云计算系统功能架构，阐述基于云计算的档案信息化系统的优势，勾勒一个功能完善的基于云计算的档案信息化系统。

（一）云计算技术的内涵

云计算技术是目前信息技术领域的研究热点之一，也是社会各界关注的焦点。

云计算是基于已存在的网格计算、分布式计算、并行计算、效用计算、虚拟化技术等提出的一种新的计算模式与服务模式。云计算通过网络将某计算作业分布到很多的分布式计算机上。通过网络中央虚拟化的资源池，用户能够根据自己的需求将资源切换到不同的应用服务上，并根据自己的需求访问不同的计算资源和存储系统。作为下一代的并行分布式计算，云计算利用互联网将海量的计算资源、存储资源、软件资源等各种不同的离散资源聚合在一起。虚拟化为规模巨大的虚拟资源池的统一管理和对外服务提供了强有力的手段，并形成了一种以用户为中心的"按需求量付费"的商业服务模式。在这种模式下，无论在什么时候、什么地方，利用什么终端设备，用户只需在需要的时候连接到互联网，就可以获得它提供的相应服务，并为该服务缴付相应的费用，就像使用水、电一样方便。

（二）云计算应用于档案信息化系统的意义

档案在信息化的过程中可能面临着收集不齐全、整理不规范、利用率低等问题。云计算具有存储安全性强、数据分析处理性强、数据利用效率高等特点，可以简化档案信息化过程，并能更好地实现档案的收集、存储和使用。

档案信息化过程往往需要耗费大量的人力、物力，而在云计算模式下，数据存储处理和服务可由云平台提供。使用云计算技术只需投入少量的管理终端和云接入设备，节省了资金。

云服务提供商还可以提供日常维护服务，保证了档案的安全管理和高效使用。

首先，云计算的应用可以实现档案信息资源的全面收集整合，繁杂的信息收集过程通过云计算的高效、快速处理变得简单，通过具有强大数据存储处理功能的平通过云平台可以随时随地进行档案管理与使用，脱离了单一机器设备，使得档案信息管理更加灵活。云环境下的管理者和使用者可以更加便利地进行信息共享和传递，使档案信息化不局限于局部系统中，大大提高了档案信息资源利用率。最后，云计算的使用还可以缓解人员压力。档案专业人员缺乏问题较为严重，使用云计算可以简化操作，方便非专业工作人员操作。

（三）系统架构设计

云计算包含三个层次的服务：基础设施层，基础设施即服务（IaaS）；平台层，平台即服务（PaaS）；应用层，软件即服务（SaaS），分别是厂商提供基础设施获得的服务、软件开发平台提供的服务和软件应用提供的服务。

①基础设施层。这一层主要提供整个系统的各项资源。运用虚拟化技术可以进行资源逻辑切分，形成多种资源池，有利于档案信息的备份、移动和复制。

②平台层。这一层主要提供多种档案信息共享应用，通过服务管理中间件，可以整合现有的应用程序并可以运行新的应用，实现档案接收、档案管理、档案查阅等功能。

③应用层。这一层提供各项针对用户的档案信息服务，根据其需求提供相应的应用服务。例如，提供档案综合展示平台、档案数字化服务、档案查询服务、数字化档案馆等。

（四）系统功能实现

档案信息化系统建立在云计算技术基础上，能够对档案按信息进行收集、使用和管理。它将云计算的优势运用于档案信息化建设，通过两者的结合实现了档案信息的安全存储、便捷使用和资源共享。

基础服务器、网络连接和存储设备所需的硬件和基础软件可由云服务提供商提供，节省了各个相关组织等在这方面的人力、财力和物力投入。档案信息化系统：可以提供维护和管理服务，为整个系统的运行提供保障；可以大大降低档案馆用于升级档案管理服务器带来的开销。

六、存储技术

随着数字信息存储技术的飞速发展，涌现出存储区域网络、网络附属存储、云存储、固态硬盘、存储卡、磁盘阵列、磁带库、光盘、光盘塔、光盘库等新型存储技术和存储设备。该技术对档案信息化有着重要影响。

（一）海量化存储技术

海量化存储技术的特点是存储海量化、载体密集化。其存取快捷化，一方面更有利于发挥大数据电子文件存储密集、传播方便的优势，有利于大容量多媒体电子档案的长期保存；另一方面也增加了电子档案信息失窃、失落、失真、失密的风险，使电子文件安全保管面临更大的挑战。

（二）集群存储技术

多台服务器"团队作业"的集群存储技术能显著提高档案信息系统的快捷性、稳定性和灵活性，有利于大数据档案的安全存储、高效处理和广泛共享。

（三）自动采集元数据技术

如今计算机的各种移动终端都可以为我们的操作行为自动留痕。手机和相机的摄影、摄像都可以自动记录拍摄的日期、位置（GPS 信号）、版权等元数据，有效地保护、管理和利用这些信息，可以使电子文件元数据管理真正从理论探索走向实践，显著增强电子文件的真实性、完整性、有效性和还原历史的能力，由此确保电子文件的档案价值。

（四）固态硬盘技术

固态硬盘技术的普及将使信息存储更加稳定、处理更加快捷，也使移动终端更加轻便、省电。这将有利于档案数字化信息的长期保存和保护，同时也将加速档案服务终端的移动化进程。

（五）云存储技术

云存储是指通过集群应用、网络技术或分布式文件系统等功能，将网络中大量不同类型的存储设备通过应用软件集合起来协同工作，共同对外提供数据存储和业务访问功能的一个系统。云存储有以下三种。

1. 公有云存储

公有云存储是为大规模、多用户而设计的云存储平台。其所有组件都建立在共享基础设施上，通过虚拟化、数据访问、管理等技术对公共存储设备进行逻辑分区，按需分配。

其优点是有助于用户减轻存储的成本和管理的负担；缺点是放在公有云上的信息容易被入侵、窃取、破坏。

2. 私有云存储

私有云存储，也称为内部云存储，是针对特定用户设计的云存储，它运行在数据中心的专用存储设备上，可以满足安全性能的需求。其缺点是可扩展性相对较差。因此，私有云存储更适合具有高标准安全性需求与性能需求的数据中心建设。

3. 混合云存储

混合云存储是为了弥补公有云和私有云存储的缺陷，兼备两者的优点而设计的云存储架构。它既包含能接入公共网，提供广泛的应用和服务的公有云存储，又包括建立在内部网，面向某专业业务应用，采取严格安全管理措施的私有云存储。其目标是在公有云上存储开放的、需要面向社会的、广泛共享的档案信息；在私有云上存储需要保密或供内部业务使用的档案信息。由此，最大限度地实现档案管理系统的共建和共用，数据库资源的互联和共享；实现档案信息资源跨系统、跨平台、跨地域的网络化应用，消除信息孤岛；节约系统建设、运行、维护和管理的成本；降低信息安全的风险，实现档案信息资源的大集成和大整合，最大限度地提高档案信息化综合效益。

七、数据库技术的运用

把纸质档案转向电子档案是档案信息化建设的重要一环，为此，要加强数据库建设。在档案信息化过程中，数据是档案信息的载体。数据库技术是信息化系统的基础，所有对档案的存储、管理、查询及保护等操作都要直接或间接地通过操作数据库来完成。在互联网技术高速发展并基本成熟的环境下，档案信息存储与传递的媒介形式因技术进步而发生了一系列的变化，承载电子文件和电子档案的各类业务平台在信息的表现形式和管理方式、方法等方面也发生了一系列的变化。为适应这些变化，要求提高电子文件和电子档案管理的质量，保证平台具备安全性、系统网上交接、脱机存储、归档互联、容灾处理等能力，把资源、技术、平台、管理和服务有机地结合起来。

在建设过程中，要加快传统纸质档案转向电子档案的进程，构建全新的数据库。首先，要发挥现代设备的优势，大力对纸质档案进行扫描；全面输入全文数据，构建与之相适应的目录数据库。其次，应该建设网络共享的模式，依托网络的多媒体平台，针对多媒体的开放性以及虚拟性的特点加强对档案信息安全的维护。在具体的操作过程中，还要让使用者进行实名认证，进行实名管理。最后，设置相关的网络防火墙，以及相关的杀毒软件，构建更加有效的档案管理安全保障体系。

在信息化整体布局推动下，档案技术运用从无到有，逐渐增多起来。档案部门的信息化设备也变得越来越多，档案信息化建设相关的法规得到进一步完善。因此，我们要加大对相关档案管理知识的了解，为更好地开展这项工作奠定坚实的基础。

八、维护档案信息安全的现有技术

在信息时代背景下，电子档案是一种高科技产物。为了维护电子档案的真实性与安全性，信息安全技术的应用必不可少。安全技术包括数字签名、数字印章、数字加密、防火墙技术、备份技术等。下面就维护档案信息安全方面采取的现有技术措施展开详细分析。

（一）电子档案信息认证与恢复技术

1. 签署技术

一般情况下，电子档案签署技术包含手写式数字签名与证书式数字签名。其中，手写式数字签名是将专门的软件模块嵌入文字处理软件内部，用户运用特定的光笔进行签名，或者运用压敏笔将名字签在手写输入板上，这种方式类似于纸质文件的亲笔签名。证书式数字签名则是发件方采用密钥对文件实施加密处理，在数字签名生成后，与文件共同发出。

2. 加密技术保障

对电子档案信息加密是加密技术的主要功能之一。就加密技术的加密方法而言，通常采用"双密钥"的传输方法。在网络传输中，加密通信者同时拥有加密密钥与解密密钥。这两个密钥是完全不同的。一般来讲，加密密钥是相对公开的，而解密密钥则完全保密。发件方在发件时采用的是收件方的公开密钥，而收件方在解密时采用的是只有自己知道的密钥。所以即使有不法分子将密文截获，也是难以解密的。从这个角度来讲，加密技术对于电子档案信息的安全起到了重要的保护作用。

3. 身份验证

身份验证一般是指将由数字、符号或字母等组合而成的"通行字"分配给合法用户，并将其表示为用户身份。用户要想访问系统，就必须将代表自己身份的"通行字"输入，由计算机对其"通行字"与用户其他资料进行验证。当验证结果为合法用户时，用户才有权限进入系统进行访问；如果未通过验证，则无法获得系统进入权限。目前，银行系统所使用的用户密码验证采用的也是身份验证技术。

4. 防写措施

只读存储光盘（CD-ROM）位于计算机外存储器中，仅供用户读出信息而不可再次写入或删除。而一写多读（WORM）光盘则是一种不可逆式记录介质，用户一次写入可多次读出，可追加写入但不可删除原有信息。在电子档案信息管理中，运用 WORM 光盘能在很大程度上提升档案信息的安全性，避免用户对档案信息进行更改或删除。当前，在计算机软件的设置项中，可将文件设置为"只读"状态，用户可读出文件信息，但不可对文件信息进行任何修改。

5. 硬盘还原卡技术

硬盘还原卡技术，指的是用户对硬盘内电子档案信息可随意更改、增减或删除，在关机重启系统后，硬盘恢复原有状态。运用此技术，用户的所有操作行为均不会在档案信息上留下任何痕迹，这就为电子档案数据信息的原始性与完整性带来了重要保障。

（二）电子档案防病毒技术

1. 计算机病毒的产生

计算机病毒作为一种破坏性极强的计算机特殊程序，自我复制功能非常强大，在非授权状态下可侵入数据文件及执行程序中。早在 20 世纪 80 年代中期，计算机病毒就已经出现，经过多年的发展，计算机病毒数量飞速增加。现如今，网络病毒更是大肆流行起来，导致计算机网络安全问题频出。在信息时代背景下，对计算机病毒的查杀已经成为档案信息管理工作的重中之重。

2. 计算机病毒的防治

在电子档案信息管理工作中，对计算机病毒的防治要首先明确管理观念，坚持"预防为主、防治结合"，避免计算机病毒在各个计算机软件中传播，同时要加强对已存在病毒的抑制，防止其传染其他计算机。另外，计算机病毒的传播具有非常强的主动性，所以必须采用人为干预的方式，从计算机病毒寄生对象、传染途径与驻留方式等方面入手加以防范与管理。

3. 对多种软硬件技术进行综合运用

在电子档案信息管理中，只要发现计算机病毒的踪迹，就应立即对病毒盘进行清理，重启计算机，对计算机病毒进行彻底查杀。同时，要加强对重要信息的保护，借助相关软件将重要信息存储于安全之处。应建立健全防毒规章制度，对软硬盘及其相关系统进行定期检查，加强对重要数据盘与系统盘的备份管理，在计算机上安装最新版本的杀毒软件，并定期升级。

(三) 电子档案信息备份

信息备份作为维护档案信息安全的辅助措施，能通过对档案信息系统的有效恢复，确保档案信息不受安全威胁。

1. 备份技术

最初阶段的备份多指简单的复制，后期经过磁盘镜像与双工，逐渐升级为现在的镜像站点、灾难恢复方案以及服务器集群技术等先进手段。

在日常工作与生活中，用户应用最为广泛的备份手段主要是磁盘镜像与磁盘双工技术。其中磁盘镜像通过两个在同一通道上的成对磁盘驱动器与盘体，实现对同一种文件或资料的连续性更新与存储。在使用过程中，如果其中一个磁盘发生问题，另一个磁盘并不会受到影响，能够继续独立运行。磁盘双工则是两个磁盘位于不同通道，通过镜像的方式来保护文件或资料不受损坏。

2. 备份系统

备份按其范围分，包括数据备份和系统备份。数据备份是指为防止数据丢失或损坏，将计算机系统中的数据复制到后备存储器中的过程。系统备份是指对整个计算机系统，包括系统软件、应用软件、数据库管理系统、数据资源、系统管理参数等进行备份。系统备份的目的是防止因软硬件故障、计算机病毒或人为误操作等原因造成计算机系统不能正常启动或运行。数据备份则仅对系统中存储的数据进行备份。显而易见，系统备份应当包括数据备份，系统备份的范围要比数据备份的范围大得多。由于档案数据量浩大，递增迅速，保真要求高，安全管理要求严，因此，加强档案信息安全的主要措施是加强档案数据备份。以下主要介绍数据备份的内容和要求。

（1）数据备份技术

数据备份技术分为热备份和冷备份两种。

①热备份。热备份是动态、实时的备份。其优点是：备份时间短，备份时数据库仍可使用；可对几乎所有数据库实体做恢复；恢复快，可达到秒级恢复，且在大多数情况下可以在数据库工作时恢复。其缺点是：不能出错，否则后果严重；若热备份不成功，所得结果不可用于时间点的恢复，所以操作时要特别仔细。

②冷备份。冷备份是静态、定时的备份。其优点是：容易操作；容易恢复到某个时间点上；能与归档作业相结合，做数据库"最佳状态"的恢复；维护简单，高度安全。其缺

点是：单独使用时，只能提供到"某一时间点上"的恢复；在实施备份的全过程中，数据库是关闭状态的，不能做其他工作；若磁盘空间有限，只能拷贝到磁带等其他外部存储设备上，备份速度会很慢。

（2）数据备份的载体

档案备份的介质有硬盘、磁带、光盘、纸、缩微胶片等，其选择要注意以下几方面。

①电子档案一般用硬盘、磁带、光盘介质来做备份。为防止电子档案被修改，可利用一次写多读光盘只读的特点，将其作为电子档案长期存储的载体。

②具有永久保存价值或者其他重要价值，且未形成纸质或缩微胶片备份件的电子档案，应当同时形成一套纸质或缩微胶片备份件，即进行数转模处理，以确保该类档案的长期有效性。

③档案备份应当同时采取本地备份和异地备份的方法。本地备份是指将备份内容存储于实施备份单位同一建筑或建筑群内。异地备份分为同城异地备份和远程异地备份。同城异地备份是将备份内容存储于本市与实施备份单位不同地域的场所；远程异地备份是将备份内容存储于外地适当的场所。远程异地备份的场所应当选择在与本地区相距 300 千米以上，不属同一江河流域、不属同一电网、不属同一地震带的地区。

3．备份管理制度

在对电子档案信息进行管理的过程中，应建立科学规范的备份管理制度，并通过有效途径予以贯彻与执行，具体如下。

（1）定期备份与实时备份的科学选择

对于静态数据信息的保护，主要选择定期备份方式，对于实时数据系统，则选择实时备份方式，防止因死机或系统故障带来安全损失。

（2）对备份内容、状态与日期的选择

针对不同的信息资料，应选择相应的备份形式。以备份内容为依据，主要有全备份、增量备份及集成备份等形式；以备份状态为依据，可分为联机备份与脱机备份形式；以备份日期为依据，主要有日备份、周备份与月备份等。

（3）对备份设备的选择

在选择备份设备过程中，应以单位的实际需求与备份设备的特点为主要依据，备份设备主要包括磁盘阵列、硬盘、光盘、软盘及组合磁带机等。

（4）规范备份制度

在备份制度的建立过程中，应充分考虑到多套备份的组合运用、异地存储方式的选择以及在突发状况下对信息资料的智能恢复等。如果单位的现实状况允许，可选择较为先进的备份技术，如集群服务器技术、镜像站点等。综上所述，要想提升档案系统的运营水平，保证运营状态，维护档案信息的安全，就必须加强对备份工作的重视，建立科学完善的备份管理制度。

（四）电子档案网络传输安全技术

1. 防火墙

防火墙主要通过在系统网络与外部网络连接点设置障碍的方式，实现对非法入侵者入侵行为的阻止，同时还能避免系统网络内专利信息与机要信息的输出，以此保证系统网络的安全。

2. 虚拟专用网

虚拟专用网作为电子档案传输专用网络，将安全信道建立在两个系统中，以保证电子数据的传输安全。在虚拟专用网络中，传输双方相互熟悉，且传输的数据量非常大，在获取双方一致认同的情况下，通过运用复杂的认证技术与专用加密技术，能进一步保障电子档案信息的传输安全。

3. 网络隔离计算机技术

网络隔离计算机技术能在同一台计算机上同时实现内网与外网功能。其中内网为系统内部保密网，外网则是互联网。通过对网络隔离计算机技术的运用，即使外网遭受非法入侵，内网系统的安全也是完全可以保障的。

①由单一安全产品向安全管理平台转变。档案信息系统安全防护技术将借助先进的管理平台使其成为一个有机组合的整体，而不是仅依靠单一的安全防护产品，头痛医头，脚痛医脚。

②由静态、被动防护向动态、主动防护转变。档案信息系统可采用动态、主动的安全技术，如应急响应、攻击取证、攻击陷阱、攻击追踪定位、入侵容忍、自动备份、自动恢复等防御网络攻击。

③由基于特征向基于行为的安全防护转变。过去档案信息系统按特征拦截黑客攻击的方式存在较大的漏洞，而基于行为的防护技术可做到疏而不漏。

④内部网络安全技术得到发展。网络安全威胁不仅来自外部网络，有时内部网络的安全威胁更大。因此，档案信息系统内部网络安全技术将越来越得到重彳

⑤信息安全管理由粗放型向量化型转变。对档案信息安全状况检测和评估的量化，将改变过去凭经验、模糊化的粗放管理方式，使安全控制更加有效。

⑥基于软件安全的方法及相关产品将快速发展。软件是信息网络安全的"灵魂"，发展基础性档案信息安全软件，有利于从根本上杜绝安全事故。鉴于以上发展趋势，今后档案信息的安全管理将趋向于合理地选择和配置先进适用的网络安全技术，制定安全管理策略和正确使用安全技术。

总的来说，对于具有保密要求的档案文件，则应当应用安全的保密措施，并且对涉及隐秘的文件进行全面的密码管理，严禁在外网上开放。要定期对网络环境和信息化系统进行检测，避免出现黑客攻击或病毒入侵的情况。在进行体制建设时，可以从信息收集、档案保管以及借阅等多个步骤进行流程完善，使各项管理工作都能够参考对应的管理制度进行，避免由于员工工作疏漏出现不规范现象。

八、涉密数据迁移技术

（一）数据迁移概述

1. 数据迁移的概念

信息系统从启用到被新系统取代，在其使用期间往往积累了大量重要的历史数据，这些历史数据是进行决策分析的重要依据，也是新系统顺利启用所必需的。数据迁移就是将历史数据进行清洗、转换并装载到新系统中的过程。数据迁移主要适用于一套旧系统切换到另一套新系统，或多套旧系统切换到同一套新系统时，需要将旧系统中的历史数据转换到新系统中的情况。多数涉密信息系统废止并进行系统切换时，一般都需要进行数据迁移。

2. 数据迁移的特点

系统切换时，数据迁移即将需要的历史数据一次或多次转换到新的信息系统，其最主要的特点是需要在短时间内完成大批量数据的抽取、清洗和装载。

数据迁移的内容是整个数据迁移的基础，需要从信息系统规划的角度统一考虑。划分内容时，可以从纵向的时间和横向的模块两个角度去考虑。

3. 数据迁移的方法

数据迁移可以采取不同的方法进行，归纳起来主要有三种方法，即系统切换前通过工具迁移、采用手工录入、系统切换后通过新系统生成。

4. 数据迁移的策略

数据迁移的策略是指数据迁移采用的方式。结合不同的迁移方法，主要有一次迁移、分次迁移、先录后迁、先迁后补等方式。

5. 涉密数据迁移步骤

涉密信息系统在进行涉密数据迁移时，应严格按照申请、处理、备案的步骤进行。在数据迁移过程中要保障涉密信息的保密性、完整性和可用性，保护国家秘密的安全。

在进行涉密数据迁移工作之前，数据迁移部门应向有关保密工作机构和主管领导提出书面申请报告。申请报告中应说明数据迁移系统的名称、密级，数据迁移时间，数据迁移人员，迁移数据内容及大小等信息。审批通过后，方可进行涉密数据迁移工作。

涉密数据迁移工作完成后，涉密信息系统建设使用单位应对数据迁移工作进行备案，记录数据迁移的时间、地点、人员，数据迁移所采取的技术和管理方法及措施，迁移涉密数据的密级、数据量等相关信息。

（二）数据迁移安全保密管理

在数据迁移和新旧系统更替过程中，为了保障涉密信息的保密性、完整性和可用性，必须从技术和管理两个方面采取切实可行的安全保密措施，保护国家秘密的安全，具体措施如下。

①制订涉密数据迁移方案，并通过有关部门审批。

②制定数据迁移安全保密管理规章制度。

③涉密数据迁移工具的开发、测试工作应在模拟环境中进行。

④涉及未加密涉密信息的数据迁移工作应由涉密系统的业务应用人员完成，维持原有的知悉范围。

⑤开发技术人员不应接触到未加密的涉密信息数据，只能用模拟数据进行开发测试。

⑥开发技术人员进入涉密信息系统现场，应有相关保密工作机构人员陪同监督。

此外，新旧系统的过渡应该快捷、平稳，以保障涉密信息系统建设使用单位业务工作的连续性。

（三）涉密设备与涉密载体废止

涉密信息系统升级改造完成后，若新涉密信息系统运行、应用良好，应对旧涉密信息系统中不再使用的涉密设备与涉密载体妥善处理，确保国家秘密安全。废止的涉密设备与涉密载体的处理主要是进行信息消除和载体销毁工作，信息消除和载体销毁所采用的技术、设备和措施应符合要求。

涉密设备与涉密载体进行信息消除和载体销毁时，应由使用部门填写审批申请表，经技术部门（或其他相关部门）鉴定，主管领导和保密工作机构审批通过后，在保密工作机构的监督下由相关部门统一进行处理。销毁涉密设备和涉密载体前，其承办人、销毁人应认真检查、核对，防止误销毁。销毁涉密设备和涉密载体时，应采取有效的技术措施，确保其涉密信息或数据无法还原。

第三节　档案信息化管理的体系建设

一、档案信息化保障体系建设

档案信息化是一项开拓创新的事业，同时也是一个充满风险的领域。这项事业的健康发展和逐步奏效需要一系列相互作用、协调配套的支持条件，即档案信息化保障体系。档案信息化保障体系主要包括宏观管理保障体系、标准规范保障体系、信息安全保障体系、人才队伍保障体系等。

（一）宏观管理保障体系

档案信息化是档案事业发展的战略举措。为了确保这项工作循序渐进、卓有成效，需要自上而下地进行总体规划和精心的组织实施。

1. 档案信息化规划

档案信息化规划是档案行政管理部门针对档案信息化事业发展制定的全局性、长远性谋划，是对发展目标、任务、措施的宏观思维、精准描述和权威部署，是反映发展规律、驾驭发展大局、破解发展难题的顶层设计，具有定位目标、激发士气、凝聚人心、统一步伐的作用。

（1）规划制定的步骤

①组织机构

档案信息化规划的制定事关大局、事关长远，因此应当建立由单位主要领导主持，信息化管理人员、相关业务技术人员和档案管理人员参加的规划起草小组，具体负责规划制定的全过程工作。为了开阔眼界、借用"外脑"，还可以聘请外单位档案信息化方面的专家，对规划起草人员进行培训，对起草工作给予咨询、审核、把关，或直接负责规划的撰写工作。

②调研

调研主要包括四个方面：一是对国际、国内、本地区、本行业档案信息化发展战略和规划的调研，了解其对档案信息化目标、任务、措施的定位，以便为本单位规划制定提供参考；二是对同行业或相近行业档案信息化的先行单位进行调研，以便学习和借鉴他们的成熟经验；三是对社会信息化发展状况进行调研，了解其软硬件技术发展水平以及哪些技术适用于本单位；四是对本单位档案工作和档案信息化需求进行调研，发现和分析存在的问题，研究利用信息化手段破解问题的对策。

③撰写规划

撰写报告是指对调研结果进行归纳总结，撰写调研报告。根据调研报告撰写规划大纲，并征求有关领导、专家或业务技术骨干的意见，再根据拟订的规划大纲撰写规划初稿。初稿完成后组织专家进行科学性和可行性论证，并广泛征求机关各业务部门和相关单位的意见，修改完善后交本单位领导审核、签发，然后正式颁发。

④规划颁发

规划颁发时要一并提出规划执行的指标要求、进度要求和责任要求，并按照"言必信，行必果"的要求跟踪规划的执行情况。

（2）规划的主要内容

①回顾总结

回顾总结本单位档案信息化的进程、现状、取得的基本经验或主要体会，以及存在的主要问题。对于尚未建立档案管理信息系统的单位，可以总结本单位档案工作的现状，以及为档案信息化创造的基础工作条件，如档案制度化、标准化建设，档案资源建设，档案人才队伍培养等。

②目标定位

目标是对档案信息化建设预期前景和效果的描述。目标可以分总体目标和具体目标两部分。目标定位要有以下"五个度"：高度，即体现高起点、高标准、高水平；宽度，即做到档案业务工作的全覆盖；深度，即要致力于解决发展中遇到的热点、难点问题；亮度，即要有创新点和闪光点；温度，即要满怀热情地贴近时代、社会、生活、百姓。总目标的实施周期应尽量与本单位发展规划相吻合，一般为五年。

③任务部署

任务是对目标的细化。目标一般比较概括和宏观，任务则要尽量具体和微观。任务一般按档案信息化的要素细分，包括基础设施建设、信息资源建设、应用系统建设和保障体系建设等。任务部署要尽量做到定时、定量，如纸质档案数字化工作每年要达到多少页、占馆（室）藏总量的百分比是多少等。

④措施落实

措施是指实施档案信息化的必要条件，一般包括人员观念的改变、档案基础工作的跟进、技术平台的建设、信息安全的落实、资金持续投入以及人才队伍培养等。其中档案基础工作部分要特别强调"兵马未到，粮草先行"，即提前、重点做好电子文件归档、纸质档案数字化工作。

2. 档案信息化组织

制定科学的规划是档案信息化的起点和前提，它使信息化建设者在目标、任务、措施等方面达成了共识、统一了步骤。接着，就需要通过强有力的组织，即通过指挥、协调、监督、指导、服务等管理方式和行政手段，确保规划的贯彻落实。执行力不足会使一个好的规划流于形式，因而创新规划的执行体系和执行手段，是增强规划的权威性和约束力的关键举措。

（1）思想观念更新

档案信息化是新时期档案工作顺应潮流、抓住机遇、加快发展的重大战略。

规划是战略实施的顶层设计，是长远性、全局性的谋划，是避免战略实施出现随意性和盲目性的有效举措。只有充分认识规划实施的重要意义，才能增强实施规划的责任心和自觉性。

同时，要认识到实施规划要有新思路、新对策。要改变过去重规划、轻实施，重技术、轻管理，重平台建设、轻资源建设，重档案科研、轻成果应用等片面、落后的观念。要以崇尚科技、重视改革、锐意进取、尊重人才、创新务实、真抓实干的新思路、新对策来破解规划实施中的难题，化解来自各方面的阻力，推进规划的顺利实施。

（2）组织体系创新

档案信息化应当是"一把手工程"，必须由机构的主要领导分管档案信息化工作，并建立集规划、执行于一体的档案信息化主管部门。如此才能及时高效地协调档案信息化建设中遇到的复杂关系，避免因多头管理而造成政出多门、相互推诿的现象。

档案信息系统的建设和运行涉及与外界系统的互联。前端与办公自动化互联，确保对归档电子文件的前端控制。后端与本单位各种业务系统互联，确保为社会或本单位行政业务系统提供档案信息服务。单靠档案部门难以处理与档案外部系统之间的关系，必须由本单位主要领导牵头挂帅，才能做好跨部门的组织协调工作。为此，各单位分管档案工作的领导应当同时分管档案信息化工作，负责实施档案信息化规划的各项组织工作，负责将规划实施列入本单位信息化发展规划和年度计划，使这项工作在机构、岗位设置、人员、经费投入等方面需求得到满足，保障规划的实施。

（3）管控措施到位

档案行政管理部门要对规划的实施采取有力的管控举措。

①要保持规划的权威性和严肃性

对已经列入规划的每项任务都要言必信、行必果，对规划后未执行的任务要追究原因和责任；按照规划制定有关项目的实施方案，规定具体的实施内容、进度、要求，一抓到底，直至见效；将规划实施的组织、协调、监督、指导纳入档案工作的法规、制度、标准、规范系统中去，纳入行政部门工作的职责和考核办法中去，通过法律和行政手段防止发生档案信息化不作为或乱作为现象。

②要夯实档案信息化工作的各项基础

档案信息化建设的重点是档案信息资源建设。为此，要围绕档案信息资源管理的目标和任务，扎扎实实地做好传统文件和电子文件的积累、归档，以及归档后的档案鉴定、分类、组卷、著录、编目、数据录入、档案扫描、档案保管、档案划控等基础工作，利用数据库技术建立起大规模、高质量的档案信息资源总库，为档案信息系统运行提供优质的信息资源。

③要确保规划实施的各项投入

切实按照规划要求落实软硬件网络平台、应用系统、数据资源、人才队伍、保障体系等各项建设任务。对建设项目的完成情况和实用效果进行科学的后评估，并将后评估的绩效列入档案信息化建设单位业绩考核的指标。资金投入要避免重硬件投入，轻软件投入；重技术性投入，轻管理性投入；重一次性投入，轻持续性投入的倾向，使资金投入在发展阶段、发展要素、发展层次上有合理的结构比例。

（4）科研教育跟进

鉴于档案信息化具有知识密集和技术密集的特点，档案科研和教育已成为档案信息化的两个重要支柱。为了更好地发挥科研工作对档案信息化的引领作用，要加强对档案信息化项目的选题指导、立项审查、实施跟踪和结题评审等环节的全过程管理。对不可行的项目在立项阶段就要予以否定。对科研项目的结题评审要严格把关。对重点科研项目要组织各方力量联合攻关，特别要加强档案局（馆）、档案学专业和信息技术开发公司之间的联合，从档案专业和计算机技术的紧密结合上提高科研成果的质量。要加大档案信息化科研成果的推广力度，充分发挥理论成果对实践的指导和引领作用。要采取有效的行政手段和考核措施，大力推广集成化、通用化的数字档案室和数字档案馆应用系统，彻底改变过去各自为政、重复建设、自成体系、难以互联的粗放型发展模式。

（二）标准规范保障体系

数字档案的载体、信息和生存环境的不稳定，使其真实、完整、有效和安全性面临严峻的挑战，管理问题相当复杂。为此，特别需要靠标准体系来规范管理者的行为，使档案信息的制作、加工、采集、保存、保护、鉴定、整理、传递等环节都处于受控状态。标准规范体系对档案信息化的意义十分深远。

标准是为了在一定范围内获得最佳秩序，经协商一致制定并由公认机构批准，共同使用的和重复使用的一种规范性文件。标准化是指为在一定的范围内获得最佳秩序，对实际或潜在的问题制定共同的和重复使用的规则的活动，即制定、发布及实施标准的过程。

1. 标准规范建设的主要内容

档案信息化标准规范建设可以从管理、业务、技术和评价等层面来制定和推行。

（1）管理性标准规范

管理性标准规范是对电子档案信息资源建设和档案信息化建设、运行维护工作进行管理的一套规则，包括计算机安全法规与标准、数字档案信息资源合法性的确认等，它需要国家档案行政管理部门统一制定并推广实施，以保证电子档案信息的统一规范和资源共享。

档案信息化管理性标准规范包括两个方面。一是对人的管理性标准，主要是指对与档案信息化建设相关的人员进行管理的标准，包括档案工作人员管理标准、软件设计人员管理标准、用户管理标准、用户角色控制标准、用户权限审批标准等，明确档案工作人员的职责和任务，以及用户的权利和义务，以保证档案信息化建设各项工作的正常开展。二是对物的管理性标准，主要是指对数字档案信息资源实体的全过程规范化管理，以及对信息化设备，如机房、硬件、软件存储载体的规范化管理，主要规范这些资源可以给谁用、如何使用和如何保管的问题。

（2）业务性标准规范

业务性标准规范是对档案信息化及电子档案业务处理进行的规定，以解决业务操作行为不统一的问题。其范围包含与档案信息化相关的术语标准：档案信息采集标准，包括数字信息资源建设所涉及的数字化加工、元数据、资源创建、描述等；信息管理标准，包括数字信息资源组织、资源互操作；信息利用标准，包括数字信息资源检索、服务；信息存储标准，包括数字信息资源长期保存等；电子档案的术语标准及管理规范，包括电子档案的基本术语、资源的标识、描述电子档案的文件格式、元数据格式、对象数据格式等。

（3）技术性标准

规范技术性标准规范是对档案信息化及电子档案管理有关技术应用进行的规定，主要解决技术应用不适当而导致的质量问题。其范围包括硬件基础设施建设技术标准、软件系统工作平台技术标准、数据存储压缩格式规范、数据长期保存格式规范、数据加密算法规范、网络数据传输规范、数字水印标准等。

（4）评价性标准规范

评价性标准规范是对档案信息化及电子档案管理的成果和效用进行评判的指标体系，包括档案信息系统（包括数字档案室、数字档案馆、电子文件归档管理等系统）的研制、档案信息资源的开发和利用、信息安全、信息技术应用的广度和深度、信息化人才开发、信息化的组织和控制、信息化的效益等评价的标准。其中信息资源开发和利用应该是测评指标体系中的重要部分，可细化为馆（室）藏档案数字化的数量、多媒体编研成果的种类和数量、数字信息的提供利用方式、数字档案的利用频率等。

2. 标准规范的贯彻落实

标准一旦颁布生效就应当具有严肃性和权威性。为了更好地落实档案信息化标准规范，要做好以下工作。

①档案信息化标准规范的宣传教育。通过举办专题培训班，或将有关标准内容纳入档案专业培训课程，宣传有关标准规范贯彻的意义、目的、内容、要求。

②采取行政手段，加强对档案信息化标准规范的宣传贯彻力度，做好常态化督促、检查和指导工作。

③将档案信息化标准规范的执行情况纳入信息化项目的评审、鉴定、验收程序和要求中，贯标通不过，责令整改，整改通不过，项目不予通过验收。有了规范要做规矩。所谓"做规矩"就是要对不贯标的档案信息化建设项目敢于否定，对貌似可行的违反规范项目及时制止。从建设项目立项评估、可行性研究等前端开始，就给予强有力的标准指导和贯标监管。

④档案信息化标准规范建设要与时俱进。档案行政管理部门要收集贯标工作的信息反馈，及时发现标准规范脱离实际的情况，以便在调研分析的基础上对有关标准规范进行修订。

⑤档案信息化标准规范的修订要倾听行内有关领导、专家、业务骨干、计算机专业人员的意见，充分参考图书、情报、文博、电子商务、电子政务等相关标准，以便使标准规范做到向上、向下和横向兼容，确保其开放性、先进性和适用性。

（三）信息安全保障体系

档案是国家的宝贵财富，是不可再生的重要信息资源，又具有一定的保密性，因此建立档案信息安全保障体系显得尤为重要。

档案信息安全保障能力已经成为检验档案信息资源的保护能力、利用服务能力和档案事业软实力的重要指标。

档案信息安全，是指构建动态的档案信息安全保障体系，确保档案信息的真实性、完整性、保密性、可用性、可控性。要保证档案信息的安全，就必须考虑到硬件、软件、数据、人员、物理环境、人文环境等多方面要素。档案信息系统的复杂性、开放性及面临威胁的多样性，决定了其安全防护是一项整体性的、综合性的系统工程。

档案信息安全保障体系由档案信息安全法律法规体系、安全管理体系和安全技术体系三部分组成。

（四）人才队伍保障体系

1. 预测与规划

人才的引进与培养不可能一蹴而就，特别是从档案队伍中培养信息化人才需要较长的时间。为此，各单位要按照本单位、本行业档案信息化长远规划和可行条件，分析人才总量、结构、分布与需求的差距，对人才需要进行前瞻性预测，对人才引进和培养方式进行决策、制订计划、纳入编制，然后有步骤地引进和培养人才。规划要综合考虑人才的知识结构、技能结构和类型结构。

2. 组织与管理

（1）加强人才队伍建设工作

各机构要真正树立起科技是第一生产力和人才是"第一资源"的意识，把档案信息化人才队伍建设工作摆上重要议事日程，定期讨论研究，解决人才配备、培养、使用中遇到的难题。

（2）加强人才资源的行政管理

人力资源管理人员：要注重发现有潜质的人才，将他们安排在适当的岗位，为他们提供施展才华的舞台；要培养人才的创业精神和实践能力，对在信息化建设中做出贡献者给予必要的奖励；要提供必要的工作条件，保障经费，加强对信息化人员的继续教育和岗位培训，提高他们的综合素质、服务意识和档案信息安全意识；要重视对人才理论、人才成长规律和管理规律的研究，学习借鉴国外人才资源开发的经验。

（3）加强督促检查，狠抓落实

要定期对档案信息化人才队伍建设情况进行调查研究、督促检查。要建立一套符合人才成长规律的工作制度和人才成长的良好氛围，为建设素质优良、结构合理、队伍稳定、技术精湛、经验丰富，并具有敬业精神的档案信息化人才队伍提供各种支持条件。

3. 培养与使用

（1）人才培养途径

①对现有档案人员的教育与培训

加强档案业务人员培训是解决档案信息化建设所需人才的主要措施，是提高现有档案人员信息化能力和技能的主要途径。

在培训内容方面：要坚持各级档案部门领导干部进修制度，把档案信息化建设相关的计算机应用基础知识、数字化技术知识、网络技术知识、现代管理技术知识等列入指导性教学计划；要加强对档案业务人员应用新技术、新设备、新方法的培训，普及信息技术知识，提高档案业务人员掌握和运用现代化技术的技能。

在培训方式方面，要把档案部门自主培训和社会辅助培训结合起来，发挥各方面的优势，增进培训效果。档案部门自主培训的方法包括：建立人才培训中心，根据实际需求分期分批地进行轮训，有条件的单位可以设立研究机构，培养高级信息人才。借助社会协助培养包括：利用自身优势，加大档案信息专业培训力度，与国内外教育或信息、技术机构合作建立人才培训中心，选拔有培养前途的档案业务人员进行深造。不管采取何种培训方式，首要的一点是要有科学的规划和必要的投入。有了规划，人才培训机制才能得以建立，培训工作才能坚持始终。投入，则是培训工作的资金保证。没有投入，即便有再好的规划，培训工作也难以落实。同时，要把档案信息化建设的实践作为锻炼队伍培训人才的过程，成为边学习、边实践，不断总结、不断提高档案业务人员信息化建设能力和实际操作技能的过程。

②引进人才

档案信息化建设需要的信息技术、信息管理专业人才，很难在短时期内从档案工作者中培养。为了满足急用之需，需要从社会上引进 IT 人才。引进的人才一定要综合素质高，事业心、责任心强，信息技术能力强，团队协作意识强。为此，在引进人才时要严格审核，特别要考察其解决实际问题的能力，避免盲目引进。对引进的 IT 人才，要尽快使其掌握档案理论和业务知识。

③短期聘用人才

IT 人才也分各种层次和专长，他们适用于档案信息化建设的各个阶段和岗位，如系统分析员适用于系统建设的前期阶段。该阶段结束后，就不需要系统分析员了。因此，档案信息化建设中涉及的一些高级技术人才和纯技术性工作的人才，可以用外包、合作或聘用的办法加以解决。档案信息化建设所需要的法律人才、外语人才、多媒体编研人才、数据库管理人才、系统维护人才，也都可采取这种方式解决。

（2）人才培养方式

人才培养的方式应当是多层次的。高等院校是档案信息化专业人才的培养基地，具有较强的师资力量、较高的科研水平和完备的教学设施，是我国档案人才培养的骨干和主体。然而，这些院校现有的教学规模仍不能满足档案信息化人才发展的需要，而且单纯的学历教育难以满足档案信息化实践的需要。因此，必须通过继续教育、岗位培训、专题短训等方式，对具有档案专业背景和信息技术背景的人才，按照"缺什么，补什么"的原则，进行各种专业知识和技能的突击培训，完善人才的知识结构，以解档案部门复合型人才缺乏的燃眉之急。

（3）人才的使用

档案信息化建设要想吸引人才、留住人才，调动人才为档案事业奉献的自觉

性和主动性，就需要：制定相应的人才吸引政策；关注和解决档案信息化人才的切身利益；给人才安排适当的岗位，使其发挥专长；给人才提供继续教育和实现自身价值的机会，真正做到以"事业留人""感情留人""适当的待遇留人"，真正做到人尽其才，才尽其用。

二、信息化档案馆体系的建设

数字档案馆的运行维护由档案馆内部设定的技术部门来开展，由数字档案馆的专业维护团队开展。

（一）数字档案馆

数字档案馆运用数字网络化方式对文件生命周期内所有的实践过程进行有序管理，包括文件的收集、创建、确认、转换、存档、管理与发布等所有环节，同时在一定范围内可组合运用不同的载体形式对档案信息进行存储，实现网络资源的共享，进而体现档案电子信息服务的现代化与自动化。

1. 数字档案馆的重要基础

计算机多媒体技术是数字档案馆的重要基础。在信息时代背景下，数字档案馆作为计算机多媒体技术发展的产物，立足于时代发展需求，实现了传统档案馆的质变。

数字档案馆的建立主要借助信息时代背景下的计算机多媒体技术，它向社会展示了未来档案馆的发展前景，同时还使档案馆数字信息的收集、利用、共享与管理等工作领域得

以有效拓展，为用户提供了更加便捷、高效的档案信息服务。

在具体实践与运行中，数字档案馆充分利用了计算机、数据库、多媒体、数字影像、扫描、存储等先进的技术，将存储于不同载体的档案信息转化为数字化信息，并以数字化形式进行传播、存储与利用，通过运用计算机系统，形成了规范有序的档案信息库，为信息资源共享的实现奠定了良好的基础。

2. 数字档案馆带来的变化

（1）档案载体的变化

在信息时代，办公自动化与无纸化发展趋势日益显著，大量电子文件产生，逐渐取代了传统的纸质文件，并成为档案信息的主体。在未来的发展阶段，档案馆的主要管理对象将变成电子文件，同时数字化信息也成为档案馆收集、整理、保存与利用的主要档案信息。这类信息的主要载体是计算机可读写介质，通过计算机手段进行处理，并借助网络技术进行传输。

（2）收集方式的变化

在信息时代背景下，计算机通信技术与多媒体技术飞速发展，数字档案馆应运而生。可以说，数字档案馆的运行与使用离不开网络系统的支持。现如今，办公自动化程度逐渐加深，档案的计算机管理方式也由原来的单机管理转变为现在的综合系统管理，档案管理系统隶属于办公自动化系统，在办公自动化系统的影响下逐渐发展成熟。

（3）文档管理方式的变化

数字档案馆的建立实现了文档一体化管理，利用网络系统不仅能实现对电子文档的接收与管理，还能为用户提供更加便捷的服务。在文档一体化管理模式下，用户档案的录入、归档、整理、检索与打印等工作能一次性解决，不仅有效提升了工作效率，而且减轻了档案管理工作者的工作压力，降低了其劳动强度。

（4）服务方式的改变

数字档案馆的建立使人们的档案借阅方式发生显著变化，用户在家里或办公室里就能获得馆藏资源，这为用户提供了极大的借阅便利。另外，通过对数字档案馆的开发与建设，档案工作者不再仅仅负责重复简单的查阅、调卷工作，而是将更多的精力与时间放在对档案信息数据的整合与管理上，使更多有利用价值的档案信息被充分挖掘出来，在为用户提供丰富的档案资源的同时，促进了数字档案馆的良性发展。

（5）保管方式的改变

在数字档案馆的管理工作中，馆藏资源及档案载体的特殊性决定了档案保管方式的复杂性。在档案管理中，需要对电子档案信息进行定期保存与维护，在保证档案信息可读性与可用性的同时，确保档案信息安全。因数字档案保管方式的变化，应加强对档案载体的安全保护，避免因突发状况导致信息丢失或泄露，应对档案信息进行定期检测与转存，维护数字档案的物理环境。同时，应注重对电子档案形成所需的相关信息及软硬件设备的维护，在保证档案信息可读性的同时，正确处理资源共享与保密工作之间的矛盾。

（二）智慧档案馆

1. 智慧档案馆的概念

在智慧城市、智慧校园等智慧生态快速发展的环境下，档案馆正在从当前重视馆藏档案资源数字化管理，向档案馆全面信息化管理的智慧模式转变，智慧档案馆已逐渐代替传统的数字档案馆，成为档案界最前端的理念。数字档案馆将传统纸质档案进行数字化处理并保存，通过计算机、网络向用户提供查询和利用服务，是一次档案信息脱离载体的解放；智慧档案馆作为档案馆发展的新形态，通过云计算、大数据、物联网等新技术实现对档案信息及其载体的智慧管理，以及对档案利用者的智慧服务，从而构建档案馆管理与运行的新形态、新模式。这种转变不仅出自档案管理理论和实践本身的发展需求，更有来自社会变革、服务演进的深层次需求。

2. 数字档案管理网站的规范建设

（1）档案管理网站建设的必要性

档案管理网站的建设，首先应明确目标定位，以馆藏档案资源的具体情况为依据，明确检索出具有自身发展特色且有社会影响力的信息、内部发展所需信息、社会公众期望获得且可公开的信息。应通过逐项整理与盘点，将其分门别类地发布至档案管理网站，为社会与组织的发展提供信息服务。要加强档案管理网站的规范建设，应首先明确档案网站建设的必要性，具体分析如下。

①满足组织内部管理需求

档案管理工作的主要职能为管理职能与服务职能，其中管理职能包括档案工作的法规制度宣传、业务规范指导、档案源头信息整理等，服务职能包括向社会公众及档案馆以外的机构提供信息检索与访问服务，满足其信息需求。在相关的档案管理实践中，可借助档案管理网站将业务规范及操作要求传达给相关人员，在提升工作实效的同时降低人员工作强度。同时，档案馆应定期将其所掌握的机构内部管理规范信息向公众传达，为相关部门的信息使用与查找工作提供便利，提升工作透明度，充分体现管理的公正性与公开性。

②满足公众权益保护需求

现如今，我国信息资源建设也受到了社会公众的广泛关注。而作为信息资源建设的重中之重，档案管理工作也顺应社会的发展趋势，不再局限于服务于组织内部建设，逐渐承担起向社会公众传递信息的责任，体现了信息化社会的发展形势。当前，很多组织与单位均建立了现代管理体制，为满足自身的信息化建设需求，必须建立档案管理网站，为信息化社会提供更多有价值的档案信息。

③满足文化传播需求

档案资源中包含大量有价值的史料，通过档案工作人员的整理将其发布在档案管理网站上，供内部人员与社会公众进行查阅与传播，在传承优秀文化的同时促进社会文明进步。这些信息资料是现代社会的财富，能在一定程度上对社会公众起到鼓舞作用，形成积极向上的社会氛围。

（2）档案管理网站的建设思路

要想提升档案管理网站的建设实效，扩大信息覆盖面，提升信息查询利用效率，改善社会公众的信息服务体验，需要从以下五个方面着手。

①将首页资源设置为信息目录导航模式

对于网站建设而言，首页作为门面担当，是改善用户体验的重要因素。因此，在建设档案管理网站时，需要加强首页管理，明确导航目录，使用户能迅速获取想要的信息。在首页元素的选择上，应充分体现组织风貌，适当选用一定的个性化元素，增加标志性较强的特色标志或建筑。

②建立网站后台信息发布平台

一般而言，档案管理网站包含多种类型的信息栏目，如静态栏目（政策法规、机构设置、业务指南、信息查询及下载专区等）、动态栏目（公告通知、工作快报、活动动态等）与专业栏目（学术交流、科研项目进展、学科建设讲堂及优秀论文发布）等。通过建立网站后台信息发布平台，利用动态网页技术保证前台信息展示与后台数据库管理功能的充分发挥，对目录信息进行规范管理，为用户提供更加便利的信息服务。通过后台目录数据库的建立，对档案信息进行编辑并将其上传至网站，而前台则在固定栏目及版面中将后台发布的各类信息进行动态显示。因前台版面结构是相对固定的，根据数据库信息更新情况来更换信息内容，不仅能提升信息发布效率，还能保证信息的规范性。

③综合运用多媒体展示方式

在档案管理网站的管理与维护中，可适当增加图片、视频等多媒体展示方式，使网站更具特色，信息更加生动形象，使用户能更加直观地获取信息，提升用户的使用满意度。

对图片形式的运用,可通过虚拟展厅、网上展览的方式传播馆藏资源,使用户对发展历史、人物活动等内容产生直观感悟,达到文字所无法达到的传播效果。对视频形式的运用,则可以对历史原貌进行完整还原,使网站信息更加丰富,并为档案的编研与史料考证工作带来充分的资料。

④增加馆藏目录配套发布端口

现如今,档案信息传播正向着数字化方向发展,使传统档案管理模式下用户被动接受档案信息的情况发生巨大改变。在档案管理网站中设置档案目录信息发布功能,提升了信息的利用度,提高了档案服务质量,同时还确保了档案信息的安全性。就馆藏资源而言,其信息种类庞杂,将信息录入数据库的工作强度非常大。因此,在档案管理网站增加馆藏目录配套发布端口,能实现档案信息在网站上的同步更新,既降低了档案信息录入工作强度,又为用户提供了一站式信息服务。

⑤增设"人机"交互平台

要想促进档案馆服务职能的充分发挥,需要了解被服务对象的信息服务需求,以提供更具针对性的信息服务。在档案管理网站增设"人机"交互平台,既能冲破时间、地域的束缚,实现与用户的实时交流,拓展互动空间,获得档案史料的征集建议,又能充分体现网站的服务特色。但是,"人机"交互平台作为档案管理网站的子系统,具有一定的独立性,其建立对专业技术要求非常高,不仅需要实现用户的统一认证功能,确保资料上传与下载效果,还需要具备坚实的安全保障。这对网站技术人员的专业水平提出了更高的要求。

(3) 档案管理网站的建立和维护模式

根据档案馆目前的工作实际与运作现状,研究选择、采用合适的研发和维护模式对档案管理网站建设起到相当关键的作用。

①档案管理网站的建立与设计需要多方力量的支持

在档案管理网站的建立过程中,涉及不同领域、不同方向的工作,包括整体框架设计、模块信息采集、系统软件编制、硬件系统配置与维护、网站安全保障等。具体而言,需要文字信息编辑与撰写,网站前台的平面设计、动画与视频制作,网站后台的程序开发与数据库应用,等等。随着互联网技术的不断改进,网站设计功能也在不断更新,需要涉及管理学、档案学与计算机信息科学等多个领域,这更离不开各方技术人才的支持与配合。

②档案管理网站的建设离不开经费支持

在档案管理网站的运行中,多人同时在线是非常常见的状态,这就对网站的稳定度与浏览速度提出了一定的要求。而要想维护网站的稳定运行，就需要不断改进硬件配置，更新软件系统，以此改善网站运行环境、改进硬件性能、维护系统稳定。在档案管理网站的建设中，在对硬件设备及软件系统进行更新时，需要耗费大量的物力与财力，这就有赖于组织机构的经费支持。

③档案管理网站运营模式的科学选择

在档案管理网站的建设中，可采用以下运营模式：在网站建设初期，注重对网站软件系统与硬件设备的投入，科学规划网站建设目标，明确功能需求，并积极引进专业技术人才，加强人才技术支持，保证网站的专业性，维护网站的安全运行，能在很大程度上缩短网站建设周期；在网站建设工作完成后，由档案管理人员负责网站的信息发布与运营维护等工作，提升网站运行的稳定性与便捷性。

需要注意的是，在网站的日常管理与维护工作中，除了需要规范科学的管理制度，更离不开技术与资金的双向支持，在维护网站安全运行的同时，确保网站内容的新颖度与规范性。

（三）加强档案信息管理资源共享

1. 明确信息公开内容

档案馆信息公开的内容主要包括以下两种类型：第一，各个组织主体应主动公开的信息；第二，公民、法人及社会组织申请公开的信息。

首先，开放档案。从某种角度来讲，信息公开覆盖的范围非常广，可以说，除了涉及国家安全、个人隐私与商业机密的信息内容以外，其他内容均应公开。基于时间角度来考虑，信息公开覆盖的内容不可过分注重一个方面或仅仅设计现实时效信息，而是应涵盖信息运行全过程，除了包含现实时效的内容，还应包括以往经过历史沉淀的信息内容。而从信息需求现状及信息公开原则方面来考虑，信息公开内容也应同时涵盖历史档案信息与现实时效信息。

其次，现行文件。根据文件生命周期理论对文件运行阶段的划分可知：以文件运行阶段与价值作用为依据，可将文件划分为现行文件、半现行文件及历史保存文件。就档案馆而言，其现行文件资源囊括了档案馆收集的现行文件信息及经过归档后仍具有现实效用的档案信息。从某种角度来讲，现行文件不仅体现了档案信息的时效价值，同时对档案归档及时性提出了一定的要求。

最后，委托公开信息。档案馆要进一步改进自身建设条件，接收组织委托公开的其他信息，使信息公开工作得以顺利实施。

2. 丰富多种信息公开方式

在明确档案馆信息公开内容的基础上，应积极探索多种不同的信息公开方式，进而确保信息公开工作的顺利进行。

①开拓网络平台。在信息时代背景下，网络技术日益进步，社会不同行业、不同领域对网络技术的应用越来越广泛，网络也成为信息传播的重要途径。与传统的信息传输方式相比，网络传输更加便捷、及时，同时与信息公开的内涵相契合。而《档案法》对网站的建立也提出了一定要求，要求一些组织单位在网站上设置"信息公开专栏"，保证信息的公开性。在档案馆参与信息公开的过程中，应充分开拓网络平台，建立信息发布网站，或在档案网站内设置信息公开栏，在对档案信息进行密级认定后，将可公开的档案信息发布在信息公开栏上，还可将组织需公开发布的信息（如现行文件等）发布在网站上，将原本单一的档案管理网站转变为兼具信息公开功能的综合平台。通过对网站平台的建设与拓展，不仅能促进信息公开工作的顺利实施，还能体现出档案信息管理工作具有的极大现实意义。

②编辑官方出版物。在档案参与信息公开工作中，开拓网络平台，能够凸显网络便捷、及时的作用，但从另一角度来看，电子文件证据力远远不足，且网络传播容易受到安全威胁，导致网络平台信息不具有法律效力。因此，在信息公开工作中应在重视网络平台建设的同时，探索更多的信息公开方式。而编辑官方出版物，是一种与政府信息公开相类似的方式，能有效解决上述问题。在档案参与信息公开工作中，官方出版物的编辑应由相关部门以一定的名义公开出版对外信息。这类信息主要包括发展过程中重大活动的制度性信息，它是从宏观角度对组织信息进行公开的。档案馆在参与信息公开工作中，应积极参与到官方出版物的编撰工作中，选择恰当的主题主动编撰信息出版物。

③设置专门的信息查阅场所。虽然网络平台能为用户提供便捷的检索体验与信息查询服务，但是传统的现场查阅方式也不能完全丢弃。信息查阅场所的设置作为现场查阅方式的重要途径之一，为网络信息检索能力不足、信息需求欠明确的用户带来良好的信息服务。对于档案馆而言，设置信息查阅场所并非难事，借助以往组织档案阅览活动的经验，可将传统的档案阅览室改建为信息查阅场所，满足不同用户的信息查阅需求。

④档案馆信息公开对象。在一些档案馆参与信息公开工作中，其面对的对象是整个社会的公民、法人及其他社会组织，信息公开应力争实现法律规定的最大公开范围。以上说法是基于宏观角度的一般性解读，而对于某些单位的信息公开工作应具体问题具体分析，充分体现个体差异性。就公开对象的属性来讲，受众客体包括自然人、法人，而在具体实践中往往将其设定为单纯的自然人，而对于法人作为受众客体的角色通常被忽略。就信息

公开对象而言，其受众主要界定为内受众与外受众，而信息公开方式也随之界定为内公开与外公开。以学校档案管理为例来讲，其主要针对的是内部管理，为校内教职工参与事务管理带来便利，那么校内教职工就是校务公开的主要对象，信息公开精神则要力争实现校务信息在全校范围内的最大化传播，也在一定程度上使民众的知情权得以体现。

对于信息公开来讲，其主要受众则不再是组织内部的人员，而是普通社会公众。一些组织和单位作为独立的法人实体，在整个社会范围内有其自身的发展自主权与个体差异性。信息公开方式有组织内公开与社会公开之分是合法的。需要注意的是，我们应对信息公开受众范围的界定权力合理利用，不可无限扩大，在信息归档时应对其是否公开进行明确标注，避免使这一权力变为阻碍信息公开的因素。

3. 加强基础设施建设力度

档案馆参与信息公开能使其功能得以拓展，自身形象得以重塑。要想保证信息公开工作的顺利进行，除了需要良好的外部环境以外，还应对自身基础设施建设工作有足够的重视。

①在组织范围内建立现行文件中心。在组织范围内建立现行文件中心，是对文件运行整体性特征的充分体现，也表明了对文件价值的高度重视。对于档案馆而言，虽然并非是现行文件的主要产生部门，但从某种角度来讲，其在实施现行文件信息公开工作上有一定的优势。就硬件建设层面而言，某个组织的档案馆不仅具备开办档案阅览室的经验，而且还有各种功能不同的馆舍，将其中的闲置馆舍改建为现行文件中心并非难事。就软环境层面而言，档案与文件存在着天然的联系，档案工作者凭借以往的档案管理工作经验，对现行文件进行管理与提供利用服务工作更容易胜任。就现行文件中心的具体建立与操作工作而言：首先，现行文件采集作为首要工作，可执行以部门主动报送为主、档案馆收集为辅的综合采集方式，要充分体现采集信息的系统化与信息化，部门主动报送应采用随时报送与定时报送相结合的形式，以具体信息内容为依据，科学选择报送方式；其次，对于采集信息的载体选择而言，应加强对电子文件的采集，减少重复采集工作，为信息网络化利用奠定良好的基础；再次，对于现行文件的整理工作，则应以文件内容与产生部门为参考，对现行文件公开目录进行科学编制，规范现行文件搜索指南，保证信息采集的系统化与全面化，为后期信息加工打下基础；最后，对于现行文件的发布，可通过编辑官方出版物、开拓网络平台、设置专门的信息查阅场所等方式进行发布。在网络平台的使用过程中，尤其要注意体现信息使用的便捷性与传输的及时性，加强对文件信息的安全保护，避免产生信息泄露事件。

②注重对档案资料的密级鉴定。鉴定，即对档案的真假、价值进行科学判断。档案鉴

定则是对资料信息能否成为档案及其档案价值的判断。档案鉴定对档案管理工作非常重要，应给予高度的重视。但就现实情况来看，当前的档案密级鉴定工作存在诸多问题，甚至许多档案馆对此并未引起重视。

在信息时代背景下，档案馆要想参与信息公开，就必须加强对档案资料的密级鉴定。具体而言，档案密级鉴定要严格遵照特定原则，对档案文件的保密等级予以科学鉴别与确定，明确档案使用范围，科学处理档案资料保密与利用之间的协调关系，确保档案管理与利用工作的稳定运行。对于档案馆而言，档案密级鉴定是其参与信息公开的重要环节，只有在确保密级鉴定工作实效的基础上，才能有效落实信息公开工作。在具体的操作中，应做到以下三点。一是建立健全密级鉴定制度。制度的建立是保证实践工作实效的重要基础，离开规范的制度，就无法保证实践工作的实效。在当前阶段，国家对密级鉴定工作并未给出统一规定，在此背景下，各个组织、单位等应以自身具体实际情况为依据，建立科学规范的密级鉴定制度，对密级等级划分标准进行明确规定，保证密级鉴定制度的有效、可行。二是加强与相关部门的交流与合作。对于档案馆而言，虽然有丰富的文档信息管理工作经验，但在信息公开工作中，各类文件信息出自各个部门，要想保证密级鉴定工作的规范性，就必须加强与其他相关部门的协调与合作，组成档案密级联合鉴定机构，共同实施密级鉴定工作。三是加强密级鉴定动态机制的建设。在档案密级鉴定工作中，应加强动态管理，明确界定档案密级，在档案管理系统中明确规定档案信息密级及解密时间，为是否再次进行密级鉴定提供依据，"一次定终身"现象的出现。

③将信息公开理念融入数字档案馆的建设工作中。在信息时代背景下，档案馆的建设不仅依赖于信息技术的支持，还需要先进的管理理念做指引。信息公开已经成为一大发展趋势，各组织机构应将信息公开理念融入数字档案馆的建设工作中去，促进档案馆的进一步发展与建设。

在数字档案馆的建设工作中，应做到以下几点。

第一，明确信息公开理念，在加强档案馆技术革新的同时，引进先进的管理理念，充分认识到信息公开对档案馆建设产生的价值，并引起足够的重视。

第二，将信息公开内容展现在档案馆建设中，如在文档管理系统中设置数据接口，为文档管理系统的无缝链接提供关键途径；将信息密级鉴定内容列在档案管理系统中，为档案信息公开工作的顺利进行奠定良好的基础；将现行文件、档案信息公开展示在数字档案网站中，进而为信息公开提供良好的发布平台。

第六章　档案信息管理的创新实践

第一节　基于网络环境的档案信息开发

一、档案信息资源网络

档案信息资源网络是指用不同的连接方式将空间位置和存储机构不同的档案信息组成一个错综复杂、有条不紊的组织或系统，以实现档案信息的利用和共享。档案信息资源网络是由档案机构实体网和档案信息因特网共同构成的。

（一）档案机构实体网

档案机构实体网是一个由相互之间能够通过一定的关系联系在一起的档案机构所组成的，能够发挥某种功能的统一整体。档案机构实体网可以分为三个层次，由低至高分别为档案机构组织网、档案机构协作网和档案机构信息资源网，这三个层次相辅相成、密不可分。

1. 档案机构组织网

档案机构组织网是一个由不同级别和类型的档案机构组成的群体，是档案机构实体网的基础组成部分，是档案机构协作网和档案机构信息资源网的前置单位。档案信息资源是一种形式特殊的文化宝藏，需要精心保护和传承，而档案机构组织网是保护档案的直接系统，它能够在充分利用档案信息资源，推进国家发展，满足社会需要的同时，保护好这些信息资源，确保这些资源的安全。

2. 档案机构协作网

档案机构协作网是在档案机构组织网的基础上发展而来的，是对档案机构组织网的一种扩展与补充。它强调网络中各档案信息实体之间的协调与合作，是一种能够实现各档案机构之间的交流和资源共享的组织形式。档案机构协作网弥补了档案机构组织网的缺陷，进一步增强了档案机构之间的联系，使档案机构实体网成为更紧密的主体。

3. 档案机构信息资源网

档案机构信息资源网是信息时代档案管理系统的终极目标，是在档案机构组织网的基础上建设起来的。档案机构信息资源网是一种将不同空间位置和存储机构中的档案信息相互联系起来，实现档案信息在各档案机构中的共享和利用的系统。档案机构信息资源网并不局限于档案机构实体网，它拥有很高的自主性，专注于档案信息资源本身的管理与开发利用，能够有效满足人们对档案资源的需求。

（二）档案信息因特网

档案信息因特网是建立在因特网（Internet）上，依靠因特网的联网功能而存在的档案信息系统。因特网是信息时代最具标志性的产物之一，被称为"信息高速公路"。将档案信息资源网与因特网连接起来，就形成了档案信息因特网，使档案信息资源实现最大程度上的共享。档案信息因特网为档案机构实体网提供了新出路，它以数字化的形式实现了组织合作、协调互补，打破线下交流困难的局面，使用户能够轻松地获取想要的档案信息，实现档案信息资源的网络共享。

综上所述，档案信息资源网络由档案机构实体网与档案信息因特网共同组成，它通过因特网以便捷、高效的信息资源传递方式，可以实现实体网络中各档案机构中档案信息资源的共享，能够帮助实体档案机构达成业务合作，从而实现馆藏共享、交流和互补。

二、网络环境对档案信息开发的影响

网络在对传统的档案信息开发与利用的方式上造成冲击的同时，也为档案机构实现信息共享提供了更加便捷的方式，其对于档案信息开发的影响如下：

（一）为档案信息开发利用提供了有利的工具和手段

从表面上看，档案信息的开发是对信息的发掘、整理和汇编，是对信息获取渠道的开拓，是对档案信息库的建设和信息流通的推动；从内涵上讲，档案信息的开发是对档案信息的重组、加工和利用。网络是计算机技术、通信技术、网络技术和多媒体技术相互融合诞生的结晶，它集合了这些技术的功能，能够利用强大的信息处理能力和传输能力快速整理、开发并交流档案信息。在信息技术时代，档案信息已经从以馆藏主体为主流转向以网络信息主体为主流方式，在全球网络化的背景下内吸外取，实现了档案信息全球范围内的共享。

　　总而言之，世界已经被局域网、广域网等网络连成一体，使档案信息实现了不受空间和时间限制的传播，为档案信息的开发利用创造了优势。信息技术的不断发展使网络实现了不断地进步，使网络能够帮助人类社会进一步获取和交换信息，为信息市场提供更多的可能。

（二）改变了档案信息的利用方式

　　传统的档案信息利用受到时间和空间的限制，身处异地的人想要交换档案上信息，往往要耗费大量的时间和精力。而网络消除了这种隔阂，让档案信息的传递能够跨越时空，实现全球即时共享。也就是说，即使相隔万里，也可以通过计算机网络直接获得档案信息，省去了跨越千山万水的时间。同时，在网络的支持下，能够获得档案信息的人不再局限于区域内部或行业内部，只要是获得权限的用户，都能够获取并利用相应的档案信息。

（三）打破了传统的档案整理方法

　　在网络强大的信息处理能力下，档案的立卷、归档很快就能够完成，这使得传统的鉴定整理、立卷归档工作规范已经不再适用，促进了新规则的形成。

　　网络对于档案的整理和传播有着积极作用，有利于档案信息为社会提供有力的数据支持，如帮助决策层获取信息，获取优秀的政策效益和经济效益，使档案信息的帮助决策属性得到大幅增强。

三、网络环境下档案信息开发的对策

（一）宏观对策

1. 统一规划、制定政策

　　网络环境下的档案信息开发是系统化、组织化的，为了节省资源、避免重复工作，相关机构应进行统一规划，根据拟定的统一规划进行档案信息开发是十分必要的。为此，应当遵循政府相关部门下发的政策，服从宏观调控，制定统一规则，规范网络环境下档案信息的开发。

2. 强化意识、加大投入

　　随着信息时代的不断发展进步，网络环境下的档案信息开发成了档案事业发展的必然方向。网络环境下的档案信息开发是为了提升档案管理工作的现代化水平，打开档案信息的获取渠道，提升档案机构的竞争力，优化资源配置。

当前，我国档案机构并没有全面树立起网络化意识，要想跟上时代的步伐，推动档案管理工作的发展，就一定要加强网络环境下的档案信息开发意识，认识到网络环境下档案信息开发的重要性和急切性。为此，政府应加大对网络环境下档案信息开发的资金投入：拓宽获取网络环境下档案信息开发资金的渠道，采取招投标的方式，吸纳更多的可利用资金；监督资金的分配和使用，避免出现浪费或者挪用、占用等不良现象。

3. 完善法规、健全标准

在网络环境下进行档案信息开发工作需要有独立的安全保障。对此，政府需要尽快制定网络环境下档案信息开发的法律法规和细则，对档案公开的原则、组织以及档案信息开发的责任等做出全面、详细的规定，确保档案信息能够在统一的规定下得到开发和利用。

网络环境下任何不符合标准化工作的信息或技术都将不被允许进入正规系统。因此，在网络环境下建立标准化的档案管理体系成为在网络环境下进行档案信息开发的一个重要条件。

网络环境下的档案信息开发还需要一支具有较高专业能力的团队。然而，当前档案机构人才匮乏、职能不明、人才流失的现象普遍存在。面对这种情况，有必要尽快建立一支能够适应网络环境下档案信息开发的专业队伍。较为常见的办法是补充人才以及对现有人才进行培训。在对现有人才进行培训时，既要教授计算机基础知识和计算机自动化管理，还要教授现代通信技术应用基础、计算机信息网络、人工智能和经济信息研究与咨询等知识作为补充。

（二）微观措施

1. 转变观念、迎接挑战

随着信息技术的不断发展和科技的不断进步，档案机构应该真切地意识到信息社会一定会走到科技化的道路上，并为即将到来的变化做好充分准备。首先，要提升档案管理工作人员的计算机操作技能，逐步实现办公自动化。其次，要形成分级档案信息网络的理念，增加档案管理工作人员上网的机会和条件，同时防止网络中的信息被屏蔽或销毁，提高网络服务效率。最后，要推进网络一体化的形成，不仅要实现形成各级档案机构网站和网页的互联互通，还要尽量与政府、图书馆、文教部门产生联系，推动档案信息网络社会效益和专业信息利用率的提升。

2. 采集数据、丰富馆藏

数据采集是在网络环境下开发档案信息的前提。档案信息扫描、存储的工作量非常大，需要投入大量的资源来进行快速的数据采集，否则网络环境下档案信息的开发就不可能成功。因此，各档案机构应加快数据采集速度，及时跟随科技更新换代配备先进的技术设备，提高原始档案的扫描和存储速度。同时，为最大限度地提高档案信息开发的效率，发挥档案信息的价值，各档案机构应当通过调查分析找出高价值、高利用率的档案信息，对其进行重点采集。此外，各档案机构还要在现有档案的基础上建设馆藏丰富的网站。首先，在计算机管理技术的支持下，按照计算机著录方式对档案信息进行编译研究，建设独立网站，下载档案信息。其次，统一著录规则和项目格式，实现各档案信息站点的管理模式、工作流程、数据格式和网络规则的标准化，保障网站能够规范运行。再次，加强档案信息的开发，尽可能地将不具有保密性、能够在网上公开的档案信息根据社会性、价值性、可用性、效率性的原则上传至网络，提供给用户使用。最后，为了提升用户的访问兴趣和概率，提高网站的利用效率，在网站初步建成后，要随时对其中的信息进行更新，确保网站的活力。

3. 变更方式、建立数据库

如今，人们已经步入了信息时代，网络环境潜移默化地改变了人们对待信息资源的思维方式、获取方式和手段。在网络环境下，因为传统的方式已不能满足人们对于档案信息的需求，必须改革创新，采用新的档案信息组织方式来推进档案管理工作。传统的档案信息组织大多采用人力的方式进行，如著录、标引等前期工作都需要通过烦琐的手工劳动完成，而且分类表和叙词表的编制与维护工作也要耗费人力。现在，网络中的信息越来越多，其时效性也决定了不能够有太多的中间环节和处理环节，否则信息将失去价值。因此，必须解决档案信息组织自动化这一问题。以往的档案信息组织方式只适用于文本信息，但在网络环境中还有很多声像、图形等非文本信息，这些信息相对来说更加复杂且难以归类，不容易像文本信息一样能够格式化和标准化。因此，只有对传统的档案信息组织方式进行改革，才能够揭示档案信息的完整内涵，正确且全面地开发档案信息。除此之外，网络中档案信息用户的构成具有多样化、个性化、复杂化的特征，获取档案信息的门槛较低，有许多用户都没有掌握成熟的档案专业知识和技能，因此对档案信息提出了透明、易用的要求。这也意味着必须对档案信息的组织方式进行改革。

数据库的建立是组织档案信息的重要途径，具体是指对待整合分类的档案信息经过合理的标准化处理，然后将其存储在计算机中。利用数据库技术组织档案信息，可以大大提高档案信息的有序性、完整性和安全性。可以说，数据库技术与网络技术的结合，促进了档案信息的开发，提高了档案管理工作的效率。

当前，档案机构要努力开发独具特色的档案信息数据库；各档案机构之间要分工协作，按照资源共享的原则共同建设档案信息数据库，避免重复工作和浪费资源，通过网络为用户提供广泛而深入的档案服务，提高档案服务质量，增强用户对档案的深度共享。

在建设档案信息数据库时，要注重内容质量。我国的档案信息数据库中多为文摘、索引、目录等二次信息，图形、图像较少。虽然二次信息也可以在一定程度上提供相应的服务，但是并不能完全满足用户的需求，因此必须充分开发一次信息。

4. 制定标准、保障安全

档案机构要吸收和借鉴国内外在网络环境下进行档案资源开发的成功案例，尽快着手制定和发布合理可行的标准，如编码标准、数据库标准、数据格式标准、设备标准、通信技术标准等，明确各级档案机构的责任和义务，使档案机构之间保持稳定的联系。

利用技术手段可以提高网络环境下档案信息开发的安全性。首先，编写电子文件归档管理程序，及时、完整、安全地保存档案信息，避免网络故障等原因导致的相关信息丢失或损毁；其次，实行纸质和非纸质相结合的方式，避免病毒感染、网络故障等原因造成的档案信息无法找回而导致的严重后果；最后，建立档案信息加密网络和开放网络，严禁在开放网络查看机密档案信息，从而防止黑客恶意盗取或破坏。

四、信息时代档案网站探索

档案网站是指以网页形式提供档案信息及相关服务的专业信息服务网站。它是档案信息化的基础组成部分，也是档案机构与用户实现交流的端口。

(一) 档案网站的类型

根据网络环境、建设主体和技术手段等不同分类标准，可以将档案网站分为以下类型。

1. 按照网络环境分类

根据网络环境不同，可以将档案网站分为以下类型。

(1) 基于互联网的档案网站

互联网是一个开放的公共信息传播平台，基于互联网的档案网站致力于满足广大人民群众的档案信息需求，满足人民群众的相关文化需求，为广大公民提供可以利用的档案信息，重点提供公开档案和现行政府文件。

（2）基于政府内部网的档案网站

政府内部网是为了满足政府内部各部门协同工作的需要而建立的专业办公网络，不对外授权开放，即其用户仅限于政府部门。基于政府内部网建立的档案网站，旨在满足档案机构办公活动的需要，其目的是更好地协调档案机构上下级之间以及档案机构与其他政府部门之间的工作，并为其他部门开展档案工作提供业务指导。基于政府内部网络建立的档案网站提供的档案具有一定的保密性，包括重要的非公开档案和只能在一定范围内公开的档案等。

（3）基于档案机构局域网的档案网站

基于档案机构局域网建立的档案网站一般和档案机构办公系统或档案管理系统相互集成。此类档案网站为保证信息的安全性，具有严格的身份识别和权限控制机制，只有通过严格的审查才能在权限内浏览和利用档案信息。

虽然不同网络环境下的档案网站在服务对象、功能目标、内容模块、信息服务、信息内容、栏目设置、建站技术等方面存在较大的差异，但是它们都是在档案信息的支持下建立的，致力于提供使用户满意的档案服务，因此能够在整体框架下统一进行规划、建设和运行，实现资源共享，避免无意义的重复工作和"信息孤岛"的出现。

2. 按照建设主体分类

按照建设主体不同，可以将档案网站分为国家档案局网站、地方档案局（馆）网站、专业档案馆网站、基层档案馆网站、档案刊物网站、档案教育咨询网站、个人档案网站。

（1）国家档案局网站

国家档案局网站既是国家档案局的官方网站，也是全国档案信息网站的门户网站。国家档案局网站中存储的档案大多是档案行政管理方面的信息，但并不包括中央档案馆中的档案信息，因此不能算作国家档案资源中的龙头网站。此外，国家档案局网站还具有导航网站的作用，用户可以从国家档案局网站直接进入地方档案局（馆）网站。

（2）地方档案局（馆）网站

地方档案局（馆）网站数量较多，是发展最快、分布最广的网站类型。这类网站是在地方实体档案馆馆藏资源的支持下建立的，主要提供网上档案管理和行政服务功能。

（3）专业档案馆网站

专业档案馆网站是向用户提供专业档案服务的网站，它建设在各级各类专业馆藏的基础上，如北京市城建档案馆网站、贵州省测绘资料档案馆网站、辽宁省地质资料档案馆网站等都属于专业档案馆网站。

（4）基层档案馆网站

基层档案网站是基层企事业单位基于档案（室）资源建立的提供档案宣传、查询和利用服务的站点。基层档案网站主要是高校档案网站，如苏州大学档案馆网站、中国科技大学档案馆网站等。

（5）档案刊物网站

档案刊物网站是档案杂志或档案出版机构在互联网中建立的具有网上出版、网上发行等功能的档案站点，是档案学者和档案从业人员进行学术研讨、业务交流和专业资源共享的园地。

（6）档案教育咨询网站

档案教育咨询网站是档案学会、档案教育、档案研究机构、档案行政机关等组织为了进行档案教育培训、咨询、业务交流、讨论等工作而建设的档案网站。

（7）个人档案网站

个人档案网站的建设主体是档案专家、学者、档案从业人员或学生个人等。它的主要目的是方便同行探讨学术思想、交流工作经验、传递专业信息等行为，其主要形式包括各类档案网站、博客等。

3. 按照技术手段分类

档案网站从技术手段及其实现的功能看，可以分为以下技术类型。

（1）静态档案网站

静态档案网站是由一系列使用标准 HTML 代码的静态网页构成的站点。当用户想要浏览这种档案网站时，本地预览通过 HTML 传输协议向网站服务器发出请求，获取 Web 内容，服务器则将网站事先已经设计完成的 HTML 网页发送到用户端，供用户浏览查找。静态档案网站由于是事先编写的，并不会因用户的操作发生改变，最多可能出现极简单的动画显示效果。

静态档案网站的优点是简单灵活，网站的设计与维护一体化。但是也有着不容忽视的巨大缺陷，主要有以下两点：第一，网站与用户之间的交互十分匮乏，基本只有网页上提供的电子邮件链接；第二，维护和更新效率低下，想要更新静态网页的内容，维护人员必须反复制作 HTML 文档，并且采取人工的方式维护所有链接，而随着档案信息的与日俱增、不可计数，人力几乎无法完成这项工作。因此，随着技术的发展，静态网站不能满足用户的查询需要，目前已经几乎不存在纯静态档案网站。

（2）动态档案网站

动态档案网站是利用 ASP、PHP 等技术将前端静态网页与后端数据库系统相链接，利用数据库进行构建的档案网站。所谓"动态",是指在不同的用户、不同的时间访问同一网站时进行的不同选择操作会返回不同的页面,网页内容能够按照用户的要求和选择发生变化并动态响应;网站将根据背景数据的变化自动生成新页面,而无须手动更新 HTML 文档。相比静态网站,动态网站除了网页设计,还要进行数据库编程,从而使网站能够对用户的指令进行动态反应,如网页自动检索、在线交流系统等。

动态档案网站基于数据库技术,实现了用户登录、用户管理、在线检索、在线论坛等后台管理和实时交互功能;将网站设计和网站维护任务分开,使两个部分能够分别进行,降低了对网站维护人员的综合技术要求;通过程序自动实现网页之间的链接和网页数据的更新,大大降低了成本,减少了网站维护的工作量。但是这种网站也具有很多缺点:安全隐患较大,如果在编程过程中出现失误或考虑不周,网站可能会因广泛的交互性而遭受黑客攻击;每个页面的打开都要读取一次数据库,一旦同一时间内网站访问量巨大,则可能会出现服务器因负载激增而导致网站的运行速度降低,或者导致服务器崩溃;由于动态网页相对复杂,需要网站设计师和程序开发者的配合,对网站设计团队的专业性要求很高。目前,动态网站已经是几乎所有档案网站采用的技术形式。

（3）档案网站集群

档案网站集群是指将在一定范围内的全部档案网站按照整体规则集中建设,并在统一标准、整合资源和协同管理的基础上,连接形成一个有机整体。

网站集群以门户网站为中心,建立起能够通往全部档案网站的导航检索平台,让用户在平台的帮助下轻松获取所有站点的信息和服务,并通过站群管理软件对所有站点进行统一管理。

档案网站集群的意义在于:通过数据资源的规范化和管理平台的统一,广泛共享集群中的所有网站资源,中心网站可以快速检索各子站点的网页信息和数据库,各子站点上的重要新闻信息自动收集并显示到中心网站。用户访问集群系统时,只需要登录中心站点,便可访问所有网站信息,从用户的角度看,网站集群相当于一个网站;通过网站模板及其软硬件环境的统一设计、开发,节省了大量投资;通过网站维护和内容管理权限的规范化,实现了集群化管理。

网站集群建设与其说是一种技术进步,不如说是一种管理上的创新举措,因为其所应用的集约管理的理念对档案建设有着较强的现实意义。我国许多地区已有了建立档案网站集群系统的尝试。

（二）档案网站建设的原则

档案网站建设需要大量的人力、物力资源的支持,它的设计、制作和维护是一个十分烦琐的过程，有着复杂的影响因素。为了保证最终的建设成果，应当遵循以下原则进行建设工作。

1. 用户主导原则

档案网站的建立是为了实现资源与用户的交互，为了向用户提供服务。实体档案馆兼有收藏价值和利用价值，可以不在乎是否有很多的来访者，但一个档案网站如果没有访问量，就没有存在的意义。可见，访问量是衡量一个档案网站价值的重要指标，浏览者越多，网站越有影响力，越能体现网站的价值。

所以，用户导向是网站建设的核心，一定要想方设法地提高网站的用户访问量。首先，要精准定位用户群，对用户进行深入了解和分析，确认不同用户的个性化需求，不断发掘和吸引潜在用户，满足不同用户的不同需求。其次，网站的设计要保证内容丰富多彩，尽量满足用户的个性化需求，如网站增加不同语言或文字的版本，设计完善的检索系统和导航系统，以及除档案信息本身以外的其他便民服务、娱乐版块等。再次，与时俱进，及时对网站设计、网站内容进行更新重设，运用时下流行元素，迎合用户心理，避免用户长时间面对单一版面造成审美疲劳。最后，要加强网站与用户的交流，通过加强建设用户论坛，向用户邮箱发送调查问卷，设立专门的互动版块等方式，将网站建设成为能够连接用户和资料的交流平台。

2. 内容为本原则

档案网站中的档案信息是档案网站的根本，档案网站是通过向用户提供档案信息来实现自身价值的。用户进入档案网站是因为想要浏览和利用其中的档案文件，或者获取与其相关的服务。网站的根本是信息内容，如果没有充足的内容支撑，网站设计无论怎样精彩都不能留住用户，也不能获得有黏性的访问量。因此，想要建设好档案网站，就要将网站内容充实起来：一是要保证档案信息资源的全面，尤其是收集并准备充分的档案目录数据和全文信息，为检索和内容筛选提供保障；二是要对网上信息进行严格识别，确保其内容的严谨性、科学性、真实性和准确性；三是要对网站内容进行系统分类整理，为提高上传信息的质量，对原始信息进行深处理和深加工。

3. 整体设计原则

档案网站并非封闭孤立存在的，而是整个网络系统的一个节点，是和其他网站分享着一样的用户群、网络环境和数据资源。档案信息本身浩如烟海，每个档案网站提供的信息只是其中的一小部分，是一个个档案网站中的信息构成了整个的档案信息网络。因此，要立足整体，纵观全局，统筹兼顾地建设档案网站，找准网站定位，确定自身的服务方向和内容特点。

第一，应加强和其他网站的联系，通过提供其他网站的链接来获得更多的访问量。

第二，应制定档案信息资料的统一规范和标准，只有采取统一的标准才能够建设出基于全网的跨数据库检索模式，实现无障碍网络共享。

第三，应树立独特的网站特色，增强网站吸引力，避免网站信息同质化或者服务上的冗余，这些与众不同的特点是档案网站的活力所在。互联网是一个广阔的世界，各类网站不计其数，如果内容不够出色，很容易淹没在洪流之中，只有提供精彩的特色内容才能提升网站价值，吸引用户的注意力，获得访问量。档案网站一方面要注重建设根本，建成以档案资源为依托的专业网站；另一方面要发挥地方特色，收藏能够反映当地地理政治、风土人情和历史人文的档案，以地方特色优势提高网站的竞争力。

第二节　大数据环境下的档案信息资源与服务创新

一、大数据环境下的档案信息资源整合与挖掘

（一）大数据环境对档案信息资源整合与挖掘的保障

1. 大数据概念探析

大数据概念自提出以来就一直饱受争议，至今没有被广泛认同的明确定义。我们主要可以从以下三个方面对大数据进行理解：一是资源方面，大数据具有数量庞大、结构丰富和信息时效性强等特征；二是技术方面，处理大数据需采用智能算法、新型计算架构等新技术；三是应用方面，大数据技术能够帮助人们制定决策、发掘未知，能够优化在线闭环的业务流程。大数据不仅代表数量庞大，也代表新资源、新技术和新应用。

2. 大数据对档案信息资源整合与挖掘的保障

（1）对档案信息资源高效存储的保障

随着信息的海量产生，数据的单位已经从 TB 级升到了 PB 级。同时，科技进步使数据资源呈现出分布性和异构性的特点。有许多数字资源需要归档，包括非结构化数据（如文本、图片、各种表格、音像等）、半结构化数据（如电子邮件、HTML 文档等）以及结构化数据。非结构化和半结构化数据都不方便使用关系数据库的二维逻辑表来进行组织。

随着各类档案信息资源的不断累积，传统的关系型数据库已经不能满足对这些档案的组织与管理，大数据技术的出现则弥补了这些缺点，并且可以达到对档案分布式存储和快速检索的目标，成为人们常用的管理系统。大数据存储方式多样，常见的有 Hadoop、NoSQL 等。这些存储方式有一些共性，即在硬件技术的支持下，采用可扩展的、并行的技术手段，以非关系模型对非结构化和半结构化数据进行处理，并对收集来的大数据进行高级分析和使用可视化技术。

（2）对档案信息资源价值挖掘的保障

在档案数字资源中，不同档案数据资源的价值各有不同，这提升了人们在浩瀚的档案资料中获取价值信息的难度。怎样从这些价值信息中寻找出真正有价值的档案信息，并方便快捷地传递给用户，是档案管理工作者在大数据时代必须面对的难题。

大数据时代带来的新技术，为相关专业人员提供了新的解决问题的方式。

利用大数据技术，档案管理工作者能够发现数据中的规律，找出档案信息资源之间的联系，将它们分门别类地进行整合，进行多维、多层次的展示，将非结构化数据转化为结构化、半结构化数据，使用户可以更方便、更准确地获得档案信息资源，还能够在用户有需要的情况下用可视化技术生成图像，直观地展现档案信息资源。

（二）大数据环境下的档案信息资源整合

1. 大数据环境下档案信息资源整合的必要性

在科技革命的背景下，信息科技飞速发展，互联网渗透至人们的生活之中，并对社会各行各业产生了革命性的影响。档案信息资源在这样的历史条件下，也必须进行变革，其管理模式、载体和记录方式等都要向着数字化、网络化的方式转变。

信息科技革命推动了人类社会的发展，计算机和互联网使人类社会连成一个整体，丰富的信息和数据实现了数字化，大数据时代也随之来临。人们在日常生活、工作中会产生大量的信息数据，这些信息数据记录着人们的各种行为，可以在经过分析后发挥重大价值。

2. 大数据环境下档案信息资源整合的分析

信息科技的发展使互联网走入千家万户，计算机信息技术和网络通信技术使信息数据的数量呈指数增长。然而，机遇往往伴随着同等的挑战。互联网的飞速发展使人们在便捷地获取大量档案信息资源的同时，也要面对档案信息精准检索和安全保护等难题。总而言之，大数据时代的到来为档案信息资源的整合与利用都带来了新的挑战。

3．大数据环境下档案信息资源整合的措施

在大数据环境下，档案信息资源数量巨大、增长迅速、来源丰富，在为人们提供大量档案信息资源的同时也带来了相应的挑战。本书对大数据环境下档案信息资源的整合提出了两种可行措施。

（1）实现由馆藏中心模式向服务中心模式的转变

云计算、Web2．0文本挖掘技术等大数据时代的信息挖掘技术，能够在大数据技术的支持下，对数据繁杂、互相关联的档案信息资源进行分析，预测出事件可能出现的倾向，进而帮助人们进行决策。大数据时代要求人们摒弃过去单方面灌输的思维模式，要"对症下药"，即了解广大民众的真正需求，建设以社会利用需求为中心的档案信息资源体系。对于档案网站来说，可以将导航、索引等功能进一步优化，从而更加方便用户对档案信息资源的使用，实现由馆藏中心模式向服务中心模式的转变，使档案信息资源更贴合用户的需求。

（2）加强大数据时代档案信息资源整合的安全保障体系建设

一是要建立身份与访问管理（IAM）系统和隐私保护系统，进行身份识别和访问权限的控制，从而实现用户安全一体化管理，提升档案信息资源整合和大数据应用过程中的安全风险应对能力。二是通过数据加密技术保证档案信息资源的安全。通过安全套接层（Secure Sockets Layer，简称"SSL"）进行加密，可以在数据集中节点有效保证档案信息资源的安全。三是利用大数据技术和安全体系，对重点领域的档案信息数据进行日常监管，对档案信息资源的无序存放、利用等引发的外泄风险加以防范。四是对档案信息资源进行实时异构备份，提高系统的恢复能力。

（三）大数据环境下的档案信息资源挖掘

大数据技术为社会带来了多方面的变革，冲击着人们的思想观念，影响着人们的日常生活与工作。具有代表性的大数据技术包括云计算、可视化、语义处理技术等，这些技术能够在档案信息资源的挖掘中发挥重大的作用，实现档案信息资源的充分挖掘。

1．云计算在档案信息资源挖掘中的应用

（1）云计算的概念及特征

云计算是一种以互联网为载体的大数据计算技术。云计算通过分布式计算和虚拟资源管理等技术，将分散的信息资源集中起来形成共享资源池。这样一来，使用各种终端形式的用户就能够根据自身的需求获得动态、可衡量的信息服务。在云计算环境中，应用软件直接安装在云端服务器上，代替了传统的用户终端，在节省用户存储空间的同时实现了其附加功能。需要注意的是，用户只需要通过 Web 浏览器登录云端的管理平台，就能获得所需的服务。云计算中的"云"是对计算服务模式和技术实现的形象比喻，由大量基本单元"云元"组成。云元通过网络连接，共同构成了一个巨大的资源池。

根据云计算服务提供的资源，可以将云计算服务模式分为三种，分别是基础设施（IaaS）、平台（PaaS）和软件（SaaS）；根据云计算服务提供的服务对象，可以将云计算服务分为私有云、公有云和将二者相结合的混合云。

（2）云计算应用于档案信息资源挖掘的必要性分析

第一，云计算能够平衡档案信息资源挖掘的基础设施建设。由于区域经济发展的不平衡性和投资的差异性，我国档案信息资源挖掘工作在基础设施建设方面存在较大差异。经济相对发达的地区为了确保档案信息资源工作需求得到满足，有能力投入大量资金进行基础设施建设；但是经济欠发达地区则因缺乏资金和技术支持，档案信息资源挖掘的基础设施建设存在较大缺陷，难以支持档案信息资源的挖掘工作。对此，可以利用云计算的基础设施服务来统筹规划档案机构的基础设施，如挖掘工具、管理服务器、存储等，通过建设云计算环境，为档案机构提供档案信息资源挖掘基础设施服务支持。这不仅能节约档案信息资源挖掘基础设施建设的资金与资源，而且能缩小不同地区档案信息资源挖掘工作之间的差距，为挖掘力量相对薄弱的档案机构增添力量。

第二，拓宽档案信息资源的采集渠道。采集是档案信息资源挖掘的基础工作，广域的数据采集能够保证档案信息资源挖掘结果的系统性和全面性。利用云计算技术建设"档案云"平台，可以实现档案信息资源云端共享，对档案机构、企事业单位的档案信息资源进行统筹规划、合理存储、准确调动和分配，使档案信息资源不再分散，而是整合成一个整体，从而建设档案信息资源的互联网总库。

具有云计算支持的网络云端存储空间很大，具有很强的计算和分析能力，还能实现备份，提升档案信息资源的安全性。目前，云计算数据共享技术已经相对成熟，且已应用于档案信息资源管理领域。随着档案信息资源大数据特征的逐渐明晰，云计算在档案信息资源挖掘领域将进一步得到广泛利用。

2. 可视化技术在档案信息资源挖掘中的应用

（1）应用必要性分析

在信息时代背景下，大数据要面对的档案信息资源数量庞大、结构复杂、多种多样。要对这样的档案信息资源进行挖掘，必须要对其有直观的认知，使档案管理工作人员和用户能够清晰洞察档案信息资源的内涵和背后所隐藏的信息，并在日常生活与工作中发挥档案信息资源的作用，实现档案信息资源的充分利用。然而，随着档案信息资源的不断累积，传统的档案信息资源挖掘模式已落后，同时挖掘档案信息资源的工作人员面对浩如烟海的文献档案，很难产生全面的认知，从而无法充分发掘档案信息资源的价值。可视化技术能够将档案信息资源中难以被直观观察到的语义关系以图形、图像的形式直观地展现出来，使档案信息资源的挖掘更加系统、高效，并能精准定位，提取档案信息资源的潜在价值，创造更多的社会价值。

（2）具体应用

可视化技术是指利用计算机将复杂的数据和信息以交互的、可视化的表现方式呈现出来，使人们能够更加清晰地了解信息内容的技术。可视化技术的研究重点是它倾向于对复杂的数据信息进行分析与计算，将结果转化为易于理解的可视化图形，通过图形以最直观的方式显示出数据中隐藏的信息和规律。视觉是人类了解外界的主要渠道，人们从外界获得的信息80%来自视觉系统，可视化技术就是在这样的客观规律下，建立了一种符合普遍认知、方便人们理解的直观印象。可视化技术经过长期的发展，现已成为人们分析抽象复杂数据的重要工具之一。

可视化技术在档案信息资源挖掘中也能发挥类似的作用。第一，建设完提的档案信息资源数据集，即可视化界面，可帮助用户全面了解有关档案信息资源的情况。第二，扩大目标所处档案信息资源领域，排除不必要的档案信息。第三，根据用户的具体需求展示档案信息资源的具体细节，通过分析用户的具体操作和实践过程，为可视化系统的实现提供指导，并注重明确档案信息资源之间的相关性和系统性，向用户展示档案信息资源数据项之间的关联。

在档案信息资源挖掘的过程中利用可视化技术，了解挖掘对象的属性和相关性，排除海量信息中的干扰项，有助于档案管理工作者和用户更清楚地了解这些信息资源，从而实现对档案信息资源的高效提取。

3. 语义处理技术在档案信息资源挖掘中的应用

（1）应用必要性分析

在大数据环境下，档案信息资源的数量呈爆炸式增长，结构也越来越复杂，多媒体档案的占比也越来越大。在这种背景下，手工采集、开发和利用档案信息资源的传统方法已经基本不能满足人们的需求。而利用语义处理技术处理原始档案信息资源，建设数字档案信息资源跨媒体语义检索框架，有利于深入挖掘档案信息资源，可以在语义理解的基础上提高档案信息资源语义理解挖掘算法的语义化程度和性能，提高档案信息资源挖掘效率，最终实现对浩瀚、复杂的档案信息资源的快速挖掘和智能提取。

（2）具体应用过程

语义处理技术的主要功能是用自然语言对原始档案信息资源进行处理，以便使机器能够更好地"理解"用户的目的和需求，进而更准确地对档案信息资源进行挖掘。语义处理技术是以计算机科学和语言学为基础，通过计算机算法分析人类自然语言的技术，是人工智能领域的一项突破。语义处理技术的关键技术包括对自然语言的词法分析、对语言意义的分析、对句子句法和内容的分析以及语音识别和文本生成技术的分析。在档案信息资源的挖掘过程中，这些技术可以使计算机对原始档案信息资源产生深刻的理解，使计算机能够理解这些自然语言，为档案信息资源的挖掘者系统的掌握档案信息资源的内容摘要，对档案信息资源的内容进行检测，按关键词的意义和语义对档案信息资源进行分类整理，对原始信息进行深度挖掘检索和质量检测提供帮助，还可以对用自然语言所表达的信息的形态（文本、声音、图像）进行转化，实现档案信息资源的丰富扩展和清晰表达，对提高档案信息资源的挖掘效率具有重要意义，同时为智能检索技术的应用奠定基础。

自然语言处理技术可以分为机器翻译技术和语义理解技术两类。机器翻译技术是利用计算机实现对自然语言内容的理解和提取，并以文本或其他形式输出自然语言内容，将一种自然语言翻译成另一种自然语言的技术。语义理解技术强调检索工具与语言学的结合，通过开发专门的关键词检索工具和对原始信息的扫描，厘清词义和句子之间的相互关系，从而实现对目标词在语义层面的理解。在自然语言处理技术中，通常会采用汉语分词技术、短语识别技术和同义词处理技术对原始语言信息进行系统的识别和提取。

总而言之，语义检索在档案信息资源挖掘过程中主要有语义分析法和分词技术两种应用方法。语义分析法旨在通过语义分析技术在资源挖掘中对搜索关键字进行分析，拆分关键词并找到拆分后它们之间的联系，以及搜索与含义相关的其他关键词，最后实现对用户查询目标的解读，给出能够满足用户期望的结果；分词技术是档案用户在查询档案信息时对用户输入的词条进行分析，根据相应的标准对查询项进行划分，然后根据相应的匹配方法对分割后的字符串进行处理，最终提取目标资源的技术。

二、大数据环境下的档案信息资源开发与利用

（一）大数据环境下档案信息资源开发与利用的主客体与目标分析

利用是指人们使用某些资源满足自身特定需求的过程，需要主体供给和客体需求在一定程度上相互契合才能够实现。下面将对档案信息资源开发与利用的主体和客体以及大数据环境下档案信息资源利用的目标进行分析。

1. 主体

档案馆是档案信息资源开发的主体，其保存着丰富的档案信息资源。综合性档案馆作为一种相对复杂、规模较大的档案馆，相比于其他类型的档案馆具有多方面的优势，如人才和资源相对充足、信息资源更加广泛等，是档案信息资源利用的中坚力量。在大数据环境下，许多档案馆提供了微信、微博、知乎、豆瓣等微媒体服务，还有一些大型档案馆开发了属于自己的手机软件或小程序。然而，服务方式的扩增使所需人力、物力资源也相应增多，超出了档案馆的上限，导致一些档案馆对新方式力不从心，或出现无意义的填充行为，降低了档案信息资源的质量。

2. 客体

对档案信息资源有利用需求的人就是档案信息资源利用的客体。过去对档案信息资源有需求的人多属于相关专业人士或有明确需求的特定人群，但是在大数据环境下，对档案信息资源有需求的人越来越多，有大量的人在利用微信、微博等媒介获取档案信息资源，以满足自身对档案信息资源的利用需求。与此同时，也有一部分人群对档案信息资源的利用相对固定，这类人群也是档案馆的主要服务对象。对此，档案管理工作者要在大数据环境下沉着冷静地推进档案管理工作，确认好服务对象，明确档案信息资源的客体。

3. 目标

档案信息资源开发与利用的目标是将主体与客体结合，使档案信息资源供需平衡、相互匹配，从而满足客体的信息需求。但是，在大数据环境下，档案信息资源开发与利用的目标有了新的延伸，即在满足客体需求的前提下，将过程简化，使客体能够更方便快捷地利用档案信息资源。在如今档案信息资源呈爆炸式增长的背景下，用户想要精准找到能够满足自身需求的档案信息资源是非常困难的，因此档案馆应当充分分析、了解用户的需求，根据用户的需求合理地对档案信息资源进行分类，升级搜索引擎，利用互联网快速、便捷地将用户所需的档案信息资源传递给用户，为用户提供优良的服务体验。

（二）大数据环境下档案信息资源开发与利用的特征

在大数据环境下，档案管理工作者应当把握好档案信息资源利用的新特征，从而更好地开展档案管理工作。

1. 空间上的移动性

移动性是指人或物在空间上的变化。在移动信息服务过程中，用户及其携带的终端处于移动状态，常常跨越不同的地区和情境。一方面，这种移动性为档案信息资源的利用提供了方便，使用户能够在任何时空环境下获得档案信息资源并随时利用；另一方面，这种移动性也为档案信息资源利用工作带来了新的挑战，因为用户所处的环境会随时变化，面临的干扰因素增加，而这种情况对网络环境、信息传输提出了更加严格的要求。

2. 时间上的碎片化

在现代人快节奏的生活状态下，时间逐渐碎片化，这也为档案管理工作者带来了新的挑战。可以说在大数据环境下，人们对文字的敏感度降低，不再有耐心阅读长篇大论的文章，转而进入了"读图时代"，图像、视频成为人们获取信息和消遣娱乐的主流形式。人们的这种碎片化阅读的习惯也影响着档案信息资源的利用。对此，档案管理工作者要在编辑档案信息资源、挖掘档案信息资源、提供档案服务时注重简洁性和娱乐性，以迎合用户的习惯。

3. 用户主导档案信息资源开发

在大数据时代，人们的表现欲和自我表达的能力都有所提升，而众多的平台也为人们提供了展现自我的平台，因此人们在挑选服务时更加重视自身的诉求。这就要求档案信息资源的开发与利用要由传统的主体主导转向用户主导，要更加注重采集用户的需求与意见，常常推出档案信息需求的调查问卷活动，并将这项措施深入各类选题、选材、编辑、宣传活动中，使用户与开发者紧密结合，提升资源利用率。

4. 档案信息资源利用的深度增加

大数据环境下档案信息资源的利用从简单的"实物利用"向"知识利用转变"。换言之，在大数据环境下，档案信息资源不仅具有凭证性作用，还具有指导实践、辅助创作、记录历史等知识利用功能，可见档案信息资源的利用深度增加。

5. 档案信息资源利用的方式增多

传统档案信息资源的利用主要通过到馆利用、编研成果利用和网站利用几种方式实现。在大数据环境下，档案利用方式和渠道都被拓宽，微信、微博、手机应用等多重社交平台、信息分享平台都为档案信息资源提供了更为广阔的天地，使档案通过这些媒体走近人们的生活。

三、大数据环境下的档案信息服务创新

（一）大数据环境下档案信息服务的意义

随着大数据技术的引入，档案管理也向数字化和网络化转变。大数据技术的应用，可

以实现对档案信息的各种生命周期的独立管理、追踪和掌控。大数据环境下的档案信息服务创新，不仅有利于各行业改善管理水平，提高工作效率，还有利于加快社会发展、优化社会资源配置、提升公民的信息化素质和提高人民的生活水平。

（二）大数据环境下档案信息服务的特点

（1）高效性。传统的档案管理方式容易出现摸不着头脑、信息丢失等问题，而大数据环境下可以通过自主学习和数据挖掘优化档案流程，大幅提高信息处理的趣味及效率。

（2）安全性。大数据环境下可以通过数据加密、访问控制、安全审计等措施，防止档案信息非法泄露、修改或删除，保障用户隐私和企业知识产权。

（3）多样化。大数据技术可以对多样化的数据进行处理，能够同时处理不同类型、不同来源的档案数据。因此大数据环境下的档案信息服务可以满足各种行业、组织及用户的需求。

（4）可扩展性。大数据环境下可以使用开源的大数据管理软件，利用云计算的方式部署档案管理系统，实现以任意规模和多层次的方式，满足不同规模的数据资源和应用的需求。

（三）大数据环境下档案信息服务的应用场景

（1）公共服务。政府、公共机构可以通过大数据环境下的档案信息服务，实现公共事业、工程、财政等信息的快速、安全、高效的运作和管理，提高政府管理水平和公共服务的水平。

（2）商业应用。尤其是金融、零售等行业，可以实现数据挖掘、分析、处理等功能，为业务决策提供了更加科学和依赖的数据支撑。

（3）文化传承。利用大数据技术，将历史、文化等传统档案数字化并实现公共服务和共享，扩大了文化信息的披露范围和时空周期，为文化传承提供了更多的渠道和载体。

（4）社会管理。警察、消防、城市管理等部门可以使用大数据环境下的档案信息服务，实现日常管理、紧急救援等行动的精确定位与高效响应，提高整体工作效率。

（四）大数据环境下档案信息服务创新的应对策略

（1）加强创新技术研究。大数据环境下的档案管理需要先进的技术支撑，需要利用前沿领域的技术来解决实际问题。政府、企业、高校、科研机构等都需要加强研究和开发先进技术。

（2）完善相关政策法规。针对大数据环境下档案信息服务领域的管理、监管、运营方式等问题，建立相应的政策法规体系。

（3）加强数据安全保障。建立完善的数据保护机制，确保档案信息的存储、处理、传输和使用安全、合法、有效。

（4）建设共享平台。建立档案信息服务的共享平台，方便公共机构、学术机构、市民等多方参与，推动档案信息资源的开放共享。

（5）加强用户教育。增强公众的数据素养，提高数据的使用效率和价值，同时注重隐私保护和个人信息保护。

第七章　现代档案管理工作实践

第一节　人事档案管理

一、人事档案的概述

（一）人事档案的定义

人事档案是专门档案的一种，是干部档案、工人档案、学生档案等的总称。人事档案来源于人事管理活动，没有人事管理就没有人事档案。人事档案是人事管理活动的记录，也是进行人事管理的条件和依据。人事档案是国家机构、社会组织在人事管理活动中形成的，记述和反映个人经历、思想品德、学识能力、工作业绩的，以个人为单位集中保存起来以备查考的文字、表格及其他各种形式的历史记录材料。

我国的人事档案管理事业，从无到有、从小到大，现在已经发展到相当大的规模，已拥有数以亿计的人事档案，拥有数以万计的人事档案管理单位，拥有一支庞大的人事档案管理队伍，是我国社会主义档案事业的一个重要组成部分。人事档案管理工作也经历了一个由简到繁、由不够正规到比较正规的发展过程。随着人事工作的开展，人事档案管理工作将越来越重要、越来越复杂，对其要求也将越来越高。

（二）人事档案的作用

（1）人事档案是考查、了解员工情况的重要手段。组织、人事工作的根本任务是知人善任、选贤举能，而要知人，就要全方位地了解人。了解的方法，除了直接考核该人员的现状外，还必须通过人事档案掌握其全面情况。可以说，人事档案为开发人力资源、量才录用、选贤任能，提供了信息与数据。

（2）人事档案是解决当事人个人问题的凭证。由于种种原因，在现实生活中有关部门和人员有时会对员工形成错误的认识和做法，甚至制造冤假错案或历史遗留问题。作为当事人历史与现实的原始记录，可以为查考、了解和处理这些问题，提供可靠的线索或凭证。

（3）人事档案是编写人物传记和专业史的宝贵史料。人事档案是在组织；人事部门形成的，其中还有当事人自述或填写的有关材料，因此内容真实，情节具体，时间准确，在研究党和国家人事工作、党史、军事史、地方史、思想史、专业史以及撰写名人传记等方面，具有很高的史料价值。

二、人事档案归档与鉴定

为使人事档案能够适应人事工作需要，人事档案管理人员要经常通过组织、人事及其他有关部门收集干部任免、调动、考查考核、培训、奖惩等工作中新形成的反映干部、职工德、能、勤、绩等方面的材料，充实档案内容。要经常了解和掌握形成人事档案材料源的信息沟通渠道，建立联系制度，不失时机地向形成材料的职工收集应归档的材料。为确保人事档案材料收集齐全，人事档案管理人员除做好日常收集工作外，一般每半年进行一次集中全面收集。对较大规模的考查、考核、职务和工资变动、评聘专业技术职务等工作形成的档案材料，要及时进行重点收集。

（一）人事档案的归档

人事档案的归档工作，贯穿人事工作与人事档案工作的始终，要经常地、认真细致地做好，为人事档案工作奠定良好的基础。其主要应做好以下三方面的工作：

1. 人事档案的归档范围和要求

人事档案的归档包括归档范围和归档要求两个方面。关于归档范围，详见人事档案的整理，凡人事档案正本的十类材料均属归档范围。这里主要明确归档要求：

（1）办理完毕的正式文件材料才能归档。

（2）材料必须完整、齐全、真实、文字清晰，并写明承办单位及时间。

（3）手续完备。凡规定应由机关、组织盖章的，必须加盖公章；凡须经本人见面或签字的，必须经过见面或签字。

（4）档案材料须统一使用16开或A4规格的办公用纸。不得使用圆珠笔、铅笔、红色及纯蓝墨水、复写纸书写。除电传材料外，一般不得用复印件代替原件归档。

2. 人事档案材料的归档渠道

（1）通过组织、人事、劳动（劳资）及其他人员管理部门收集各有关人事档案材料。

（2）通过员工所在党、团组织，政府机关、企业、事业单位的有关部门收集各有关党、团材料。

（3）通过纪检、行政监察、保卫和公安、司法、检察等部门收集各有关处分方面的材料。

（4）通过业务部门、科技部门及学校和培训部门收集学历、学识、才干及奖惩等方面的材料。

（5）通过军队有关部门和地方民政部门收集军人各有关方面的材料。

3. 建立和健全人事档案归档制度

（1）移交制度。各单位、各部门日常工作中形成的，凡属人事档案材料归档范围的，均应移交人事档案部门。

（2）索要制度。人事档案部门不能完全坐等有关单位或部门主动送材料上门，应当经常与有关部门保持密切联系，定期或不定期索要应归档的人事档案材料。做到嘴勤、手勤、腿勤。

（3）检查核对制度。人事档案部门应定期检查所管档案的状况，将其中不符合归档要求的材料，退回形成单位重新制作或补办手续；发现不属于人事档案范围的材料，予以退回原单位处理；发现缺少的材料，应填写补充材料登记表，以便有计划地进行收集。

（4）补充制度。组织、人事、劳动（劳资）部门根据工作需要和人事档案材料的缺少情况，统一布置填写有关表格等材料。

新时期人事档案收集的重点是：近期业绩材料、廉政材料、诚信材料、反映管理水平、工作能力、个性特征、道德操守、生活作风、心理素质、身体状况等方面的材料。

（二）人事档案的鉴定

人事档案的鉴定工作是按照一定的原则和规定，对收集的档案材料进行审查、甄别其真伪，判定其有无保存价值，确定其是否归入人事档案。鉴定工作应坚持历史唯物主义和辩证唯物主义的观点，具体问题具体分析，根据形成材料的历史条件、材料的主要内容、用途及其保存价值，确定材料是否归入档案。

1. 人事档案鉴定的内容

鉴定工作的好坏直接决定着人事档案质量的优劣，对能否正确贯彻人事政策也有一定的影响，因此，这项工作在人事档案工作中占有特殊的地位。鉴定时可根据干部档案工作条例相关要求进行。

（1）判别材料是否属于所属员工的材料及应归入人事档案的内容。发现有同名异人、张冠李戴的，或不属于人事档案内容和重复多余的材料，应清理出来。对其中有保存价值的文件、资料，可交文书档案或转有关部门保存。不属于人事档案内容，比较重要的证件、文章等，组织不需要保存的，退给本人。无保存价值又不宜退回本人的，应登记报主管领导批准销毁。

（2）审查材料是否齐全、完整。政审材料一般应具备审查结论、调查报告、上报批复、主要证明材料、本人的交代等。处分材料一般应具备处分决定（包括免予处分的决定）、调查报告、上级批复、个人检讨或对处分的意见等。上述材料，属于成套的，必须齐全；每份归档材料，必须完整。对头尾不清、来源和时间不明的材料，要查清注明后再归档，凡是查不清楚或对象不明确的材料，不能归档。

（3）审查材料是否手续完备。凡规定须由组织盖章的，要有组织盖章。审查结论、处分决定、组织鉴定、民主评议和组织考核中形成的综合材料，应有本人的签署意见或由组织注明经过本人见面。任免呈报表须注明任免职务的批准机关、批注时间和文号。出国、出境审批表，须注明出去的任务、目的及出去与返回的时间。凡不符合归档要求，手续不完备的档案材料，须补办完手续后归档。

（4）鉴定中发现涉及干部政治历史问题或其他重要问题，需要查清而未查清的材料及未办理完毕的材料，不能归入干部档案，应交有关组织处理。

（5）鉴定时，发现档案中缺少的有关材料，要及时进行登记并收集补充。

2. 人事档案鉴定工作的原则和内容

（1）鉴定工作的原则

人事档案的鉴定工作是一项政策性很强的工作，必须遵循"取之有据，舍之有理"的原则取之有据，是指归入人事档案的材料要有依据，符合上级的有关规定。舍之有理，是指决定剔除的材料，要有足够的理由，尤其是准备销毁的材料，必须慎之又慎，不能草率从事。

（2）鉴定的内容和方法

①判断材料是否属于人事档案。

②判断是否本人的档案材料。

③判断材料是否处理完毕和手续齐全。

④判断材料是否真实、准确、完整。

⑤查对材料是否重复。

（3）剔除材料的处理

①转出。经鉴定确实不属员工本人的材料，或是不应归入人事档案的材料，均应转给有关单位保存或处理。转出时，要写好转递材料通知单。

②退回。凡新近形成的档案材料，手续不够完全，或内容尚需查对核实，应提出具体意见、退还有关单位，待修改补充后再交回。凡应退还本人的材料，经领导批准后退还本人，并履行登记、接收人清点与签名盖章等手续。

③留存。不属人事档案范围，又有价值的材料，整理后作为业务资料保存。

④销毁。无保存价值、重份的材料，要按有关规定予以销毁。

三、人事档案整理与编目

（一）人事档案的整理

人事档案有正本和副本两种稿本。归档的正本分为十类内容，副本分为七类内容。

人事档案正本材料按以下十类进行分类整理：

第一类履历材料。凡是记载和反映员工个人自然情况、经历、家庭和社会关系等基本情况的各种表格材料均归入本类。

第二类自传及属于自传性质的材料。自传是个人撰写（或由本人口述、经别人记录和整理）的关于自己家世、身世和主要社会关系的自述材料。

第三类鉴定（含自我鉴定）、考查、考核材料。凡在人事管理活动中，组织、人事部门通过各种途径，对员工的基本情况、学习、工作、才能、业绩、优缺点等方面，进行调查了解及评估而形成的评价件材料归入本类。

第四类学历、评聘专业技术职务与评定岗位技能的材料。凡是记载和反映员工的学历、学位、学习成绩、培训、评聘专业技术职务、评定岗位技能情况的材料，应归入本类。

第五类政治历史审查材料。凡对员工的政治历史、经历、出身、社会关系、党籍、参加工作时间等问题进行审查形成的材料归入此类。

第六类入党、入团材料。凡参加中国共产党、共青团及民主党派的人员有关入党、入团方面的材料归入本类。

第七类奖励材料。凡在学习或工作中有突出成绩的员工获得表彰或奖励所形成的材料归入本类。

第八类处分材料。凡员工违反党纪、政纪、国法而受纪律检查部门、监察部门或其他审理部门，对其所犯错误进行调查处理而形成的材料归入本类。

第九类录用、任免、出国（出境）、工资、待遇及各种代表会议代表的材料。凡办理任免、选举、调动、授衔、晋级、录用、聘用、招用、复员退伍、转业、工资、待遇、出国、离退休及退职材料，各种代表会议代表登记表等材料归入本类。

第十类其他可供组织参考的材料。凡上述九类未包括的、对组织上有参考和保存价值的材料可归入本类。

人事档案的七类副本材料，是由正本中以下类别主要材料的重复件或复制件构成：

（1）第一类的近期履历材料。

（2）第三类的主要鉴定，干部考核材料。

（3）第四类的学历、学位，评聘专业技术职务的材料。

（4）第五类的政治历史情况的审查结论（包括甄别、复查结论）材料。

（5）第七类的奖励材料。

（6）第八类的处分决定（包括甄别、复查结论）材料。

（7）第九类的任免呈报表和工资、待遇的审批材料。

其他类别多余的重要材料，也可归入副本。具体归入各类的档案材料，见后的知识拓展相关内容。

需要注意的是，在人事工作中形成的人事档案，并非每个人的档案材料都有上述十类正本材料和七类副本材料，而是因人而异。当事人在经历的各项活动中形成哪些人事档案材料，就将其归入相应的正副本各类之中。

所有归档材料，一律为材料原件，统一使用16开规格的办公用纸，不得使用圆珠笔、铅笔或红色及纯蓝色墨水和复写纸书写。

（二）档案材料的排列

人事档案各类卷内材料排列方法，主要有以下三种：

1. 按档案材料形成时间顺序排列

如正本的一、二、三、四、七、十类均按此法排列。其中第七类的奖励材料应将组织的审批材料放在前面。

2. 按材料内容（问题）的主次关系（重要程度）进行排列

如第五、六类排列顺序为：上级批复、结论或处分决定，本人对处分决定和结论的意见，调查报告，证明材料，本人检查、交代材料。第六类材料的排列，应将入团、入党、加入民主党派的材料分别排列。入团志愿书排在入团材料的前面，入党志愿书排在入党材料的前面，然后排列申请书、转正申请书、党（团）员登记表等。多次填写的党（团）员登记表，按时间先后顺序排列。

3. 按内容结合时间顺序排列

如第九类材料内容较多，可按内容先后分成 4 个小类：

（1）工资待遇材料。

（2）调动任免与离退休材料。

（3）出国、出境材料。

（4）其他材料（各小类的材料，再按其形成时间顺序排列）。

（三）人事档案的编目

每卷人事档案必须有详细的档案材料目录，目录是查阅档案内容的索引，要认真进行编写。具体要求：

（1）按照类别排列顺序及档案材料目录格式，逐份逐项地进行填写。每类（每项）目录之后，须留出适量的空格，供补充档案材料时使用。类号用汉字码，顺序号用阿拉伯数字（每类每项目录上的类号和顺序号要与材料上的类号、顺序号相一致）。

（2）根据材料题目填写"材料名称"。无题目的材料，应拟定题目。证明材料写明何人证明的材料。材料的题目过长，可适当简化。拟定或简化题目，必须确切反映材料的主要内容或性质特点。凡原材料题目不符合实际内容的，须另行拟定题目或在目录上加以注明。填写目录不得以点代字。

（3）材料形成时间。材料形成时间要填清年、月、日，没有时间的要尽量查明。一份材料有几个时间的，本人填写的材料以本人签字为准；经组织审查或整理的材料以最后的批准时间为准；复制的档案材料，以采用原材料的形成时间为准。

（4）填写材料份数。以每份完整的材料为一份（包括附件），除有原件附复制的材料填写两份外，其他一律填一份。

（5）填写材料页数。材料页数的计算，采用图书编页法，每面为一页，印有页码的材料、表格，应如数填写；无页码标记的材料，每单面为一页，封面封底不计算页数（需用铅笔在材料的下脚注上页码），空白纸可剔除。

（6）书写目录要工整、正确、清楚、美观，不得使用圆珠笔、铅笔、红色及纯蓝墨水书写目录，也不准勾抹、涂改、粘贴目录。目录填写后，要检查校对，做到准确无误。

四、人事档案保管及转递

（一）人事档案的保管

人事档案的保管，是依据统一领导、分级管理、管人与管档案相一致、安全保密、便于查找的原则确定的，对人事档案应严密、科学地保管。认真做好以下工作：

（1）人事档案管理人员对所管理的全部人事档案，必须进行登记、编号，并依据一定的原则编制档案清册。

（2）建立、健全严格的库房管理制度和岗位责任制，在热情为各项工作提供服务的同时，一定要严格加强管理，严防错装、错放、错借、错转等状况发生。

（3）应建立登记和统计制度，每年年底全面检查核对一次档案，并与人事部门核对各类人员的增减情况，发现问题及时解决。

（4）设置专门的档案查阅室，档案库房、阅档室和档案人员办公室应分开。

（5）要建立坚固的防火、防潮的专用档案库房，配置铁质档案柜。在库房中每千卷需占位 20~25 平方米。库房内应设置控温、去湿、灭火等设备。室内禁止吸烟及动用一切明火。

（6）库房的防火、防潮、防蛀、防盗、防光、防高温等设施和安全措施每半年进行一次全面检查，发现问题，及时解决，杜绝隐患。要保持库房清洁和库内适宜的温、湿度（温度 14~24℃，相对湿度 45%~65%），检查情况要认真做好记录。

（7）不断地研究和改进档案的保管方法和保护技术，加快电子计算机人事档案信息管理系统的开发与利用，逐步实现档案管理工作的科学化和现代化。

人事档案管理人员还要明确以下不同人员的人事档案管理问题。

1. 在职人员人事档案

人事档案的正本，由主管该人的组织、人事部门保管。人事档案的副本，由主管或协管该人的组织、人事部门保管。

非主要协管和监管的单位，不保管人事档案的正、副本，但可根据需要保存近期重份的或摘要的登记表、履历表之类材料。

军队和地方互兼职务的干部，主要职务在军队的，其档案由部队的政治部保管；主要职务在地方的，其档案由地方的组织、人事部门保管。

民主党派和无党派爱国人士的档案，由各级党委统战部门保管。

2. 离休、退休人员人事档案

党中央、国务院管理的干部，是中国共产党党员的，其档案由中央组织部（或人力资源和社会保障部）保管；是民主党派和无党派爱国人士的，其档案由中央统战部保管。

其他人员的档案，由该人的管理部门保管。

工人档案由所在单位的劳动（组织、人事）机构保管。

3. 死亡人员人事档案

党中央、国务院的干部，死亡后其档案由原管理单位保管 5 年，之后移交中央档案馆保存。

中央、国家机关各部长，各省、自治区、直辖市管理的厅局职务的干部，全国著名的科学家、艺术家、教授和有特殊贡献的英雄、模范人物、知名人士等，死亡后其档案由原管理单位保管 5 年，之后移交本单位档案部门保存，并按规定的期限，移交同级档案馆保存。

上述范围以外的其他干部，死亡后其档案由原管理部门保存 5 年，之后移交机关档案部门保存，并按同级档案馆接收范围规定进馆。

军队干部 1949 年 9 月 30 日以前牺牲、病故的排职以上干部的档案材料，交解放军档案馆保管；中华人民共和国成立后牺牲、病故和其他原因死亡的正师职以上干部的档案，交原总政治部档案馆保管，副师职以下干部的档案，按隶属关系分别交由各相应档案馆保管。

企业职工死亡后，其档案由原管理部门保存 5 年，之后移交企业综合档案部门保存；对国家和企业有特殊贡献的英雄、模范人物死亡后，其档案按规定向有关档案馆移交。

4. 辞职、退职、开除公职及受刑事处分人员人事档案

在职人员辞职、退职、自动离职、被辞退（解聘）后，未就业的机关、事业单位人员其档案由原管理单位保管；企业人员由户籍所在地劳动保障部门保管。已就业的，其档案转至有关组织、人事、劳资部门保管。不具备保管条件的，转至人事部门所属的人才流动服务中心保管。

在职人员被开除公职后，其档案保管方法原则上同上述程序。

在职人员受刑事处分期间，其档案由原管理单位保管；刑满释放或解除劳教后，重新安排工作的，其档案由主管该人员的部门保管或人才流动服务中心保管。

（二）人事档案的利用工作

1. 人事档案的利用的方式

（1）设立阅览室以供查阅。阅览室一般设在人事档案库房内或靠近库房的地方，以便调卷和管理。这种方式具有许多优点，如便于查阅指导、便于监督、便于防止泄密和丢失等。这是人事档案利用的主要方式。

（2）借出使用。借出库房须满足一定的条件，比如，本机关领导需要查阅人事档案；公安、保卫部门因特殊需要必须借用人事档案等。借出的时间不宜过长，到期未还者应及时催还。

（3）出具证明材料。这也是人事档案部门的功能之一。出具的证明材料可以

是人事档案部门按有关文件规定写出的有关情况的证明材料，也可以是人事档案材料的复制件。要求出具证明材料的原因一般是入党、入团、提升、招工、出国等。

单位、部门或个人需要由人事档案部门出具证明材料时，需履行以下手续：由有关单位（部门）开具介绍信，说明要求出具证明材料的理由，并加盖公章；人事档案部门按照有关规定，结合利用者的要求，提供证明材料；证明材料由人事档案部门有关领导审阅，加盖公章，然后登记、发出。

2. 人事档案利用的手续

根据相关法规，各级人事档案管理部门为了做好利用工作，按照各自管理人事制定了其地区、部门或系统查阅人事档案的制度，对借阅范围、借阅手续、借阅人、借阅方式以及是否可以抄录、复制做了规定。人事档案的查阅，是发挥人事档案作用的直接体现。

（1）查阅手续

正规的查阅手续包括以下内容：首先，由申请查阅者写出查档报告，在报告中写明查阅的对象、目的、理由、查阅人的概况等情况；其次，查阅单位（部门）盖章，负责人签字；最后，由人事档案部门对申请报告进行审核，若理由充分手续齐全，则给予批准。

（2）外借手续

①借档单位（部门）写出借档报告，内容与查档报告相似。

②借档单位（部门）盖章，负责人签字。

③人事档案部门对其进行审核、批准。

④进行借档登记。把借档的时间，材料名称、份数、理由等填清楚，并由借档人员签字。

⑤归还时，及时在外借登记上注销。

（3）人事档案查阅的原则和范围

查阅人事档案总的原则是：宽严适度，内外有别，灵活掌握，便于利用。

就利用者而言，组织、人事、劳动部门利用档案应该从宽，其他部门利用档案相对应该严格一些。

就利用范围而言，高、中级干部，有贡献的专家、学者和有影响的知名人士，以及机要人员的人事档案，提供利用应从严掌握，严格审批；对一般干部、工人、学生的人事档案，利用范围可以从宽掌握。

就内外关系而言，凡员工的主管单位，组织、人事、劳动、纪检、监察、保卫、司法、检察等部门，因研究和处理有关问题，可以查阅和借用人事档案。其他单位不得直接查阅，如确因工作需要借用档案，则需办理手续。

（4）人事档案查阅要求

①查阅党委组织部门的人事档案必须是中共党员。

②组织、人事、劳动部门查阅人事档案须有手续完备的信件；其他部门应持有本单位领导签字的正式查档介绍信或《查阅人事档案审批表》。

③查档人员不得查阅本人及其亲属的档案。

④未经领导批准，不得查阅同级人员档案，下级不得查阅上级人员档案。

⑤本单位组织、人事部门一般不得查阅本单位领导的档案。

⑥不准查阅介绍信或审批表中未提到的内容。

（三）人事档案的转递工作

在人事管理工作中，由于员工职务升降、工作调动等原因，导致其主管、协管单位的改换，这就要求人事档案部门应随着员工主管单位的变化而及时将档案转移至新的主管、协管单位。人事档案要随着干部任免权限的改变、员工主管单位的变化，及时转至新的主管部门，这就形成了人事档案转递工作。

做好人事档案的转递工作，应始终保持人员管理及其人事档案管理的一致性。如果转递工作不正常，该转的不转，就会使员工管理与人事档案管理相脱节，原管单位有档无人，形成"无头档案"，档案的作用难以发挥；新的主管单位则有人无档，影响对有关员工的考查了解和培养使用。做好这项工作是保持管人与管档案相一致的有效措施，在改革开放、市场经济与人才流动日益频繁的新形势下具有重要的现实意义。

1. 转递工作的要求

（1）及时。为避免管人与管档案脱节，发生"有人无档"或"有档无人"的现象，必须及时转递人事档案。

（2）准确。转递人事档案必须以任免文件或调动通知为依据，在确知有关人员新的主管单位后，直接将有关人员的档案转至该单位。

（3）安全。转递人事档案，应确保档案材料的绝对安全，杜绝失密、泄密和档案丢失现象。

2. 转递人事档案的方式

（1）零星转递。这是转出的主要方式，即在日常工作中将需要转递的零星材料及时转给有关单位，一般是通过机要交通渠道。

（2）成批移交。这是管档单位之间将数量较多的人事档案按规定进行交接。

3. 转递人事档案的程序和手续

（1）转出的工作程序和手续。原主管单位对应转出的档案进行认真清理和整理，做到材料齐全、装订整齐。零星转递时，应在转出材料登记簿上登记，并在人事档案底册上注销；要仔细填写《人事档案转递通知单》；将材料以机密件寄出；将收到单退回的"回执"粘贴在转递存根处。成批移交时，除登记、注销外，还应编制移交文据和移交清册一式两份；交接双方应在移交文据上签字，以示负责。

（2）接收单位的工作程序。首先应仔细检查转来的档案是否属本单位所管理的范围；如属本单位的，应查对与转递通知单或移交清册上的记载是否相符；确认无误后，在转递通知单或移交清册上签字，加盖公章；将回执寄给转档单位，对接收的档案登记后入库。

第二节　会计档案管理

一、会计档案的概念

（一）会计档案的定义与类型

会计档案是指会计凭证、会计账簿和财务报告等会计核算专业材料，是记录和反映单位经济业务的重要史料和证据。各级人民政府财政部门和档案行政管理部门共同负责会计档案工作的指导、监督和检查。

会计档案具体包括以下几种类型：

（1）会计凭证类：原始凭证、记账凭证、汇总凭证、其他会计凭证。

（2）会计账簿类：总账、明细账、日记账、固定资产卡片、辅助账簿、其他会计账簿。

（3）财务报告类：月度、季度、年度财务报告，包括会计报表、附表、附注及文字说明，其他财务报告。

（4）其他类：银行存款余额调节表、银行对账单、其他应当保存的会计核算专业资料、会计档案移交清册、会计档案保管清册、会计档案销毁清册。

（二）会计档案的收集

各单位必须加强对会计档案管理工作的领导，建立会计档案的立卷、归档、保管、查阅和销毁等管理制度，保证会计档案妥善保管、有序存放、方便查阅，严防毁损、散失和泄密。

二、会计档案移交

（一）一般会计档案的整理立卷与移交

单位每年形成的会计档案，应当由会计机构按照归档要求，负责整理立卷、装订成册、编制会计档案保管清册。当年形成的会计档案，在会计年度终结后，可暂由会计机构保管一年，期满之后应当由会计机构编制移交清册，移交本单位档案机构统一保管；未设立档案机构的，应当在会计机构内部指定专人保管。出纳人员不得兼管会计档案。移交本单位档案机构保管的会计档案，原则上应当保持原卷册的封装。个别需要拆封重新整理的，档案机构应当会同会计机构和经办人员共同拆封整理，以分清责任。

（二）一般会计档案的保管与利用

单位保存的会计档案不得借出。如有特殊需要，经本单位负责人批准，可以提供查阅或者复制，并办理登记手续，查阅或者复制会计档案的人员，严禁在会计档案上涂画、拆封和抽换。各单位应当建立、健全会计档案查阅、复制登记制度。采用电子计算机进行会计核算的单位，应当保存打印出的纸质会计档案。具备采用磁带、磁盘、光盘、微缩胶片等磁性介质保存会计档案条件的，由业务主管部门统一规定，并报财政部、国家档案局备案。

（三）终止单位的会计档案移交

单位因撤销、解散、破产或者其他原因而终止的，在终止和办理注销登记手续之前形成的会计档案，应当由终止单位的业务主管部门或财产所有者代管或移交有关档案馆代管。单位分立后原单位存续的，其会计档案应当由分立后的存续方统一保管，其他方可查阅、复制与其业务相关的会计档案；单位分立后原单位解散的，其会计档案应当经各方协商后由其中一方代管或移交档案馆代管，各方可查阅、复制与其业务相关的会计档案。单位分立中未结清的会计事项所涉及的原始凭证，应当单独抽出由业务相关方保存，并按规定办理交接手续。单位因业务移交其他单位办理所涉及的会计档案，应当由原单位保管，承接业务单位可查阅、复制与其业务相关的会计档案，对其中未结清的会计事项所涉及的原始凭证，应当单独抽出由业务承接单位保存，并按规定办理交接手续。单位合并后原各单位解散或一方存续其他方解散的，原各单位的会计档案应当由合并后的单位统一保管；单位合并后原各单位仍存续的，其会计档案仍应由原各单位保管。

（四）建设单位的会计档案移交

建设单位在项目建设期间形成的会计档案，应当在办理竣工决算后移交给建设项目的接收单位，并按规定办理交接手续。单位之间交接会计档案的，交接双方应当办理会计档案交接手续。移交会计档案的单位，应当编制会计档案移交清册，列明应当移交的会计档案名称、卷号、册数、起止年度和档案编号、应保管期限、已保管期限等内容。交接会计档案时，交接双方应当按照会计档案移交清册所列内容逐项交接，并由交接双方的单位负责人负责监交。交接完毕后，交接双方经办人和监交人应当在会计档案移交清册上签名或者盖章。

此外，《会计档案管理办法》还规定我国境内所有单位的会计档案不得携带出境。驻外机构和境内单位在境外设立的企业会计档案，应当参照境内单位的会计档案的管理规定进行管理。

三、会计档案整理

（一）会计档案的整理与鉴定

会计档案的鉴定工作包括会计档案真伪鉴定和价值鉴定两个层面。会计档案的保管期限分为永久、定期两类。定期保管期限分为 3 年、5 年、10 年、15 年、25 年 5 类。会计档案的保管期限，从会计年度终结后的第一天算起。

1. 企业和其他组织会计档案的保管期限

原始凭证、记账凭证、汇总凭证等会计凭证类，总账、明细账、日记账、辅助账簿等会计账簿类，以及会计移交清册的保管期限都是 15 年，其中，现金和银行存款日记账要保管 25 年，固定资产卡片在固定资产报废清理后保管 5 年。月、季度财务报告的保管期限为 3 年。年度财务报告（决算）、会计档案保管清册和会计档案销毁清册都要永久保存。银行余额调节表、银行对账单的保管期限是 5 年，见表 7-1。

表 7-1　企业和其他组织会计档案保管期限表

序号	档案名称	保管期限	备注
一	会计凭证类		
1	原始凭证	15 年	
2	记账凭证	15 年	
3	汇总凭证	15 年	
二	会计账簿类		
4	总账	15 年	包括日记总账
5	明细账	15 年	
6	日记账	15 年	现金和银行存款日记账保管 25 年
7	固定资产卡片		固定资产报废清理后保管 5 年
8	辅助账簿	15 年	
三	财务报告类		包括各级主管部门汇总财务报告
9	月、季度财务报告	3 年	包括文字分析
10	年度财务报告（决算）	永久	包括文字分析
四	其他类		
11	会计移交清册	15 年	
12	会计档案保管清册	永久	
13	会计档案销毁清册	永久	
14	银行余额调节表	5 年	
15	银行对账单	5 年	

2. 财政总预算、行政单位、事业单位和税收会计档案的保管期限

会计凭证和会计账簿一般保存 10～15 年即可，但对较重要的账簿要适当延长保管期限，如税收日记账（总账）和税收票证分类出纳账、现金出纳账、银行存款账的保管期限都可定为 25 年。而行政单位和事业单位固定资产明细账（卡片）在行政单位和事业单位

固定资产报废清理后保管 5 年。财务报告中旬、月、季报告一般保存 3~5 年，财政总预算、行政单位和事业单位决算、税收年报（决算）等则应永久保存。会计移交清册应保存 15 年，会计档案保管清册、会计档案销毁清册则要永久保存（见表 7-2）。

表 7-2　财政总预算、行政单位、事业单位和税收会计档案保管期限表

序号	档案名称	保管期限			备注
		财政总预算	行政单位事业单位	税收会计	
一	会计凭证类				
1	国家金库编送的各种报表及缴库退库凭证	10 年		10 年	
2	各收入机关编送的报表	10 年			
3	行政单位和事业单位的各种会计凭证		15 年		包括：原始凭证、记账凭证和传票汇总表
4	各种完税凭证和缴、退库凭证			15 年	缴款书存根联在销号后保管 2 年
5	财政总预算拨款凭证及其他会计凭证	15 年			包括：拨款凭证和其他会计凭证
6	农牧业税结算凭证			15 年	
二	会并账簿类				
7	日记账		15 年	15 年	
8	总账	15 年	15 年	15 年	
9	税收日记账（总账）和税收票证分类出纳账		25 年		
10	明细分类、分户账或登记簿	15 年	15 年	15 年	
11	现金出纳账、银行存款账		25 年	25 年	

注：税务机关的税务经费会计档案保管期限，按行政单位会计档案保管期限规定办理。

（二）会计档案的撤销

对于保管期满经鉴定确实没有保存利用价值的会计档案可以进行销毁，但由于会计档案的重要性和机密性，销毁必须严格按照以下程序进行：

（1）由本单位档案机构会同会计机构提出销毁意见，编制会计档案销毁清册，列明销毁会计档案的名称、卷号、册数、起止年度和档案编号、应保管期限、已保管期限、销毁时间等内容。

（2）单位负责人在会计档案销毁清册上签署意见。

（3）销毁会计档案时，应当由档案机构和会计机构共同派员监销。国家机关销毁会计档案时，应当由同级财政部门、审计部门派员参加监销。财政部门销毁会计档案时，应当由同级审计部门派员参加监销。

（4）监销人在销毁会计档案前，应当按照会计档案销毁清册所列内容清点核对所要销毁的会计档案；销毁后，应当在会计档案销毁清册上签名盖章，并将监销情况报告本单位负责人。

（5）保管期满但未结清的债权债务原始凭证和涉及其他未了事项的原始凭证不得销毁，单独抽出立卷，保管到未了事项完结时为止。单独抽出立卷的会计档案，应在会计档案销毁清册和会计档案保管清册中列明。项目建设期间的建设单位，保管期满的会计档案不得销毁。

第三节　特殊载体档案管理

一、照片档案管理

（一）照片档案的概念

照片档案是国家机构、社会组织或个人在社会活动中直接形成的以静止摄影影像为主要反映方式的有保存价值的历史记录。照片档案一般包括底片、照片和说明三部分。芯页是用以固定照片或底片，并标注说明的中性偏碱性纸质载体，是照片册、底片册的组成单元。

1. 收集范围

（1）记录本单位主要职能活动和重要工作成果的照片：①领导人和著名人物参加与本单位、本地区有关的重大公务活动的照片；②本单位组织或参加的重要外事活动的照片；

③记录本单位、本地区重大事件、重大事故、重大自然灾害及其他异常情况和现象的照片。

（2）记录本地区地理概貌、城乡建设、重点工程、名胜古迹、自然风光以及民间风俗和著名人物的照片。

（3）其他具有保存价值的照片。

2. 收集要求

（1）对属于收集与归档范围的照片，应按照规定定期向本单位档案机构或档案工作人员归档，集中管理，任何单位或个人不得据为己有。

（2）对存有真伪疑义的照片应采取必要措施进行鉴定。

（3）对反映同一内容的若干张照片，应选择其主要照片归档。主要照片应具备主题鲜明、影像清晰、画面完整、未加修饰剪裁等特点。

（4）底片、照片、说明应齐全。

（5）底片与照片影像应一致。

（6）对无底片的照片应制作翻拍底片，对无照片的底片应制作照片。

（7）照片档案的移交和征集应符合有关标准的要求。

3. 收集时间

（1）对具有归档价值的照片，其摄影者或承办单位应及时整理，向档案室归档，一般不应跨年度。

（2）照片档案应随立档单位其他载体形态的档案一起向有关档案馆移交。在特殊情况下，经同级档案行政管理部门同意可以提前或延迟移交。

（3）档案馆应按收集范围随时征集零散的、对国家和社会具有保存价值的照片。

（二）照片档案的整理

照片档案的整理应遵循有利于保持照片档案的有机联系、有利于保管、有利于利用的原则。照片档案的底片与照片应分开存放。

1. 底片的整理

（1）底片的编号

底片号是固定和反映底片在全宗内排列顺序的一组字符代码，由全宗号、保管全宗号—保管期限代码—张号

①全宗号：档案馆给立档单位编制的代号。

②保管期限代码：分别用"1、2、3"或"Y、C、D"对应代表永久、长期、短期。

③张号：在某一全宗某一保管期限内底片的排列从"1"开始的顺序编号。

（2）底片号的登录和底片袋的标注

应使用铁笔将底片号横排刻写在胶片乳剂面片边处（刻写不下时，前段可不写），不得影响画面；也可采用其他方式将底片号附着在胶片乳剂面片边处，不得污染胶片。底片号登录顺序应与照片号登录顺序保持一致。

底片放入底片袋内保管，一张一袋。应在底片袋的右上方标明底片号。对翻拍底片，应在底片袋的左上方标明字样。对拷贝底片，应在底片袋的左上方标明字样。

（3）底片的入册

底片册一般由 297mm×210mm 大小的若干芯页和封面、封底组成。应按底片号顺序将底片袋依次插入底片册。芯页的插袋上应标明相同的底片号。对幅面超过底片册芯页尺寸的大幅底片，应在乳剂面垫衬柔软的中性偏碱性纸张后，放入专用的档案袋或档案盒中，按底片号顺序排列。

（4）册内备考表

册内备考表项目包括本册情况说明、立册人、检查人、立册时间。册内备考表应放在册内最后位置。

本册情况说明，应填写册内底片缺损、补充、移出、销毁等情况。对底片册立册以后发生或发现的问题，应由有关的档案管理人员填写说明，并签名、标注时间。

（5）底片册的封面、册脊和排列

底片册的封面应印制"底片册"字样，底片册册脊的项目包括全宗号、保管期限、起止张号、册号；底片册按照全宗号、保管期限、册号的顺序排列，上架保存。

2. 照片的整理

（1）分类排列

照片档案应在全宗内按保管期限—年度—问题进行分类。跨年度且不可分的照片，也可按保管期限—问题—年度进行分类。分类方案应保持前后一致，不应随意变动。然后，在分类方案的最低一级类目内，按问题结合时间、重要程度等进行排列。

（2）编号入册

照片号是固定和反映每张照片在全宗内分类与排列顺序的一组字符代码，由全宗号、保管期限代码、册号、张号或全宗号、保管期限代码、张号组成。照片号有两种格式：

格式一：全宗号—保管期限代码—册号—张号

格式二：全宗号—保管期限代码—张号

照片册一般由 297 mm×210 mm 大小的若干芯页和封面、封底组成。芯页以 30 页左右为宜，有活页式和定页式两种。应按照分类、排列顺序即照片号顺序将照片固定在芯页上，组成照片册。

3. 照片说明的填写

说明应采用横写格式，分段书写。

其格式内容如下：

（1）题名：应简明概括、准确反映照片的基本内容，人物、时间、地点、事由等要素尽可能齐全。

（2）照片号：编号方法见前。

（3）底片号：如采用照片、底片合一编号法，可不填写底片号。

（4）参见号：是指与本张照片有密切联系的其他载体档案的档号。

（5）时间：照片的拍摄时间用 8 位阿拉伯数字表示。

（6）摄影者：一般填写个人，必要时可加写单位。

（7）文字说明：应综合运用事由、时间、地点、人物、背景、摄影者等要素，概括照片影像所反映的全部信息，或仅对题名未及内容做出补充。其他需要说明的事项亦可在此栏表述，例如照片归属权不属于本单位的，应注明照片版权、来源等。

（8）密级：应按 GB/T7156 所规定的字符在照片周围选一固定空白处标明，使用印章亦可。

此外，单张照片的说明，可根据照片固定的位置，在照片的右侧、左侧或正下方书写。对大幅照片的说明可另加页书写，与照片一同保存。一组（若干张）联系密切的照片按顺序排列后，可拟写组合照片说明。采用组合照片说明的照片，其单张照片说明可以从简。

4. 照片档案目录的编制

照片档案目录种类包括册内目录、基本目录、分类目录、主题目录、摄影者目录等。

照片档案基本目录的必备项目：照片号、题名、时间、摄影者、底片号、备注，可根据需要增加项目。基本目录的条目应按照片号排序。

册内照片目录为选择性目录。其组成项目：照片号、题名、时间、页号、底片号、备注。册内目录的条目应按照片号排序。

（三）照片档案的保管

1. 底片袋、底片册、照片册使用材料

底片袋应使用表面略微粗糙和无光泽的中性偏碱性纸制材料制作，使用中性胶黏剂，接缝应在袋边。底片册、照片册所用封面、封底、芯页均应采用中性偏碱性纸质材料制作，且不易产生碎屑或脱落的纤维。

2. 底片、照片保存装具要求

底片、照片应在能关闭的装具中保存，如存储柜、抽屉、有门的书架或文件架等。储存柜架应采用不可燃、耐腐蚀的材料，避免使用木制及类似材料。木制材料易燃烧、易腐蚀，还可能挥发出某些有害气体，促使底片、照片老化或褪色。储存柜架的喷涂用料应稳定耐用，且对储存的底片、照片无有害影响。对储存柜架进行排列时，应保证空气能在其内部循环流通。

3. 底片、照片保存环境要求

（1）底片、照片应恒温、恒湿保存。长期储存环境：24 小时内温度的周期变化在−2℃～+2℃范围内，相对湿度变化在−5%～+5%范围内。中期储存环境：24 小时内温度的周期变化在−5℃～+5℃范围内，相对湿度变化在−10%～+10%范围内。

这样的温度、湿度条件，应在各单独的储存器具内或整个储存室内加以保证。底片、照片储存的温、湿度与提供利用房间的温、湿度若存在较大差别，应设缓冲间，在其提供利用前应在缓冲间过渡几个小时。

（2）进入储存室或储存柜的空气应首先经过机械过滤器过滤，以免空气中的固体颗粒擦伤胶片或与胶片起反应。

（3）库房条件和防火、防水、防潮、防日光及紫外线照射、防污染、防有害生物、防震、防盗等要求。

4. 严格的使用和存放规则

（1）储存库房应除了要保持整洁外，还应该有严格的使用和存放规则。

照片档案入库前，对受污染的照片、底片应进行必要的技术处理。接触底片的人员应戴洁净的棉质薄手套，轻拿底片的边缘。底片册、照片册应立放，不应堆积平放，以免堆在下面的底片、照片受压后造成黏连。

（2）每隔两年应对底片、照片进行一次抽样检查，不超过五年进行一次全面检查。若温、湿度出现严重波动，应缩短检查的间隔期。

检查中应密切注意底片、照片的变化情况（卷曲、变形、变脆、粘连、破损、霉斑、褪色等），亦应注意包装材料的变质问题，并做好检查记录，若发现问题，应查明原因，及时采取补救措施。

二、声像档案管理

（一）声像档案的概念

声像档案包括录音档案和录像档案，是一种用专门的器械和材料，采用录音、录像的方法，记录声音和图像的一种特殊载体的档案。有唱片、磁带录音、磁带录像、碟片、录音录像带等形式。

在录音、录像档案产生比较多的单位，经过审批后的录音、录像材料才能归档。与磁带内容有关的文字材料应与磁带同时归档。在录音、录像档案不多的单位，要通过各种方式开展经常性收集。向有关人员宣传档案工作的基本常识，防止在未经审查与批准的情况下，将反映本单位基本活动面貌的磁带消磁，造成不可弥补的损失。

（二）声像档案的分类与编目

1. 声像档案的分类

（1）在一般单位，声像档案形成量不大，内容也比较单一，可暂不分类整理。

（2）声像档案较多的单位，如广播电台、电视台等，可按内容进行分类，通常按政治、经济、文学艺术、科学、教育等分为若干类别。如果数量多，还可以再分属类。分类时应把永久保留性节目与临时性节目分开，把机密的与一般的分开，把不同版种区别开来（原版、复制版、播出版）。

2. 声像档案的编目

档案部门对验收并需要入库的声像档案，应登记入册。如果数量少，只需建立总登记簿即可，按收到的先后顺序入册即可。

登记的项目包括：编号、收到日期、录制日期、内容、责任者、录制单位、录制地点、放送时间、技术状况（消磁情况、模板质量）、数量备注等。编号采用流水编号或分类号一类流水号。

如档案数量多，可先进行分类，然后建立分类登记簿。经过登记的声像档案应装在特制的盒内或套内，在盒套外面贴上标签，上面注明题目（内容）、讲演人、录制日期、卷（盘）数、编号、带长、时间等项内容。盒内还应附有文字材料，并统一编号。

（三）声像档案的保护措施与存放环境

声像档案接收后，未经批准手续，不能随意消磁。如有必要消磁，只能征求有关业务部门和主管领导同意，履行签批手续后，方可消磁，并做好注销记录。

声像档案在保管中要注意以下几点：

（1）接收入库的磁带录音要装入特制的磁带盒内，在盒内应有固定盘心的定位装置。

（2）磁带装入盒后应松紧适度，不应过紧或过松。

（3）磁带应卷绕平整，不能有折皱、弯曲，防止带体损坏。

（4）磁带要竖放，防止挤压，并定期绕带进行检查。

（5）磁盘盒应有一定的硬度，以防磁带变形。

声像档案的存放条件要求比一般纸质档案的存放条件还要严格。除达到一般纸质档案的保管条件要求外，还要特别注意远离磁场，如果磁带离磁场太近，会使磁带退磁或磁化，造成信号失落，影响重放效果。有条件的单位，可以使用防磁柜来存放声像档案。

三、实物档案管理

（一）实物档案的概念

实物档案，是指法人、其他组织以及个人在其工作活动中形成的对国家和社会有保存价值的以物质实体为载体的物品档案。

实物档案的归档范围包括：

（1）本单位获得的各种奖状、奖杯、奖牌、锦旗、荣誉证书、光荣册等。

（2）上级领导、知名人士、有关单位赠送给本单位的题词、锦旗、牌匾、字画、工艺品等。

（3）本单位对外交往中获赠的重要纪念品。

（4）本单位组织的各种重大活动中形成的纪念品。

（5）机构成立以来使用过的牌、匾。

（6）本地区本企业第一批生产的、获奖的及重要的产品样品。

（7）其他有保存价值的实物。

（二）实物档案的整理

实物档案的保管期限暂定为永久和定期两种。

1. 归档实物的分类

归档实物以件为单位进行整理（成套实物为一件）。归档实物可按物品种类分类；实物档案较少的单位，可不分类。

2. 归档实物的排列

归档实物可按种类结合时间进行排列，也可按归档时间顺序排列。

3. 归档实物的编号

归档实物应按分类方案和排列顺序逐件编档号，并在不影响实物品像的合适位置粘贴标签。

（1）标签粘贴位置

①奖牌、证书、奖状：粘贴在右下角。

②奖杯：粘贴在杯座上。

③锦旗：粘贴在旗杆上。

（2）归档实物的档号

一般由全宗号、类别号、件号组成（不进馆单位全宗号不填）。归档实物的档号有两种格式：

格式一：全宗号—类别号—件号

格式二：全宗号—件号

4. 实物档案目录的编制

（1）编制实物档案目录

归档实物应按分类方案和档号顺序编制实物档案目录。实物档案目录设置档号、题名、实物来源、形成日期、实物类别、实物数量、保管期限、存放地点、互见号、备注等项目。

（2）编制实物档案目录封面

实物档案目录封面设置全宗名称、实物类别等项目。其中全宗名称为必填项，实物类别为可选项。实物档案目录及实物档案目录封面用纸幅面尺寸采用国际标准 A4 型。

此外，归档的实物应当拍照归档，所拍照片纳入本单位照片档案的管理，两者之间要建立准确、可靠的标识关系。本单位在对外交往中赠送给对方的重要实物，也应当拍照归档。

（三）实物档案的保管、利用、移交

实物档案应使用专库或专柜保管，定期除尘，做好防虫、防锈蚀的技术保护，确保实物档案完好无损。利用实物档案必须严格履行借阅登记手续，珍贵的或不易搬动的实物档案，一般提供实物档案照片使用。实物档案移交时，交接双方应办理移交手续。

四、电子档案管理

（一）电子档案的概念

电子文件是指在数字设备及环境中生成，以数码形式存储于磁带、磁盘、光盘等载体，依赖计算机等数字设备阅读、处理，并可在通信网络上传送的文件。电子公文，我们这里专指各地区、各部门通过由国务院办公厅统一配置的电子公文，传输系统处理后形成的具有规范格式的电子数据。电子公文是电子文件的一个特殊组成部分，电子文件包含电子公文。

电子文件有特定的载体——磁带、磁盘、光盘等，有构成信息的特定形式——数码形式，必须依赖计算机软、硬件设备才可以阅读处理，通过现代化网络技术可方便快捷地查询、传输所载信息，这是电子文件共有的特点。

电子文件归档，就是通过电子计算机将整理好的电子文件和它生存的环境条件，并转存在磁性记录材料或光盘等载体上储存。只有具有参考和利用价值的电子文件才可归档保存，电子文件归档后即形成电子档案。

随着电子计算机的广泛应用，电子文件在我们工作过程中已经大量产生，但是，我们在电子文件收集、积累、归档方面的工作还有所欠缺，电子文件管理方面存在许多问题：

（1）草稿性电子文件处于自生自灭状态。多数单位只用电子计算机起草文件，一旦打印出了纸质正式文件，作为草稿性的电子文件就被忽视。

（2）辅助性电子文件处于无人管理的状态。一些单位虽然注意到了电子文件便于查阅等优点，在计算机内保存了大量的电子文件，把它当作纸质文件的辅助材料，但杂乱无章，没有对电子文件进行系统化整理，管理人员不确定，责任不明确，等同于无人管理。

（3）有些电子文件存储载体不安全，信息记录格式不标准，有存在硬盘上的，有存在软盘上的，也有保存在制式不同的光盘上的，存在安全隐患。

（4）电子文件生成的设备环境数据缺少登记，一些相关软件参数也缺少妥善的保护措施。电子文件对设备有依赖性，一些单位保留电子文件时，没有将其生成软件及设备的信息保留下来。

（5）档案工作人员缺少电子文件归档管理的知识和经验。

电子文件蕴藏着丰富的信息资源，管理不好，利用不好都是资源的巨大浪费。随着办公自动化的日益普及，电子文件的归档与管理愈加重要。

在一个单位内部，电子文件从形成到归档，要跨越多个部门，所以，电子文件归档工作应当由单位的综合部门或主要负责人统一协调，指定专门机构或专人负责。原则上，电子文件的形成、承办、归档等工作由电子文件形成部门负责，档案保管部门予以指导监督，并对保管方法提出意见或建议。归档后形成的电子档案管理工作由档案保管部门负责，由电子文件形成部门提供协助和支持。这样既统一领导，又分工明确；既有严格管理，又有相互协作，并能够充分保证电子文件归档后形成的电子档案的真实性、完整性、有效性。

（二）电子档案管理工作的内容

电子档案管理工作由电子文件整理归档、电子档案保管利用、电子档案鉴定销毁、电子档案登记统计等工作构成。

1. 电子文件整理归档

电子文件归档通常要经历收集积累、鉴定检测、整理归档、移交接收四个环节。

（1）收集积累

电子文件收集归档时应注意真实性、完整性和有效性的统一。

真实性，包括原始性和准确性。所谓原始性指形成时的或通过审批更改的电子文件。所谓准确性，即电子文件处于产品定型技术状态。

完整性，要求归档的电子文件既要有完整的文件信息，又要有背景信息和元数据。

有效性，就是达到档案的功能价值，如凭证作用等，是真实性在利用方面的一个表现。要确保电子档案的真实性、完整性、准确性需要建立规范的电子文件管理制度。

①电子文件收集范围

记录了重要文件的主要修改过程和办理情况，有查阅参考价值的电子文件及其电子版本的定稿均应被保留。

正式文件是纸质的，如果保管部门已开始进行计算机全文的转换工作，则与正式文件定稿内容相同的电子文件应当保留，或者根据实际条件或需要，确定是否保留。

公务或其他事务处理过程只产生了电子文件时，应采取严格的安全措施，保证电子文件不被非正常改动。同时应随时对电子文件进行备份，存储于能够脱机保存的载体上。

在网络系统中处于流转状态，暂时无法确定其保管责任的电子文件，应采取捕获措施，集中存储在符合安全要求的电子文件暂存存储器中，以防散失。

②几种电子文件收集时的技术处理

对于以文字处理技术形成的文本电子文件，收集时应注明文字存储格式、文字处理工具等，必要时同时保留文字处理工具软件。文字型电子文件以 XML、RTF、TXT 为通用格式。

对用扫描仪等设备获得的采用非通用文件格式的图像电子文件，收集时应将其转换成通用格式，如无法转换，则应将相关软件一并收集。扫描型电子文件以 JPEG、TIFF 为通用格式。

对用计算机辅助设计或绘图等设备获得的图形电子文件，收集时应注明其软、硬件环境及相关数据。对用视频或多媒体设备获得的文件以及用超媒体链接技术制作的文件，应收集其非通用格式的压缩算法和相关软件。视频和多媒体电子文件以 MPEG、AV1 为通用格式。

对于音频设备获得的声音文件，应同时收集其属性标识、参数和非通用格式的相关软件。音频电子文件以 MAV、MP3 为通用格式。

对通用软件产生的电子文件，应同时收集其软件型号、名称、版本号和相关参数手册、说明资料等。专用软件产生的电子文件，原则上应转换成通用型电子文件，如不能转换，收集时则应连同专用软件一并收集。

计算机系统运行和信息处理等过程中涉及的与电子文件处理有关的参数、管理数据等应与电子文件一同收集。对套用统一模板的电子文件，在保证能恢复原形态的情况下，其内容信息可脱离套用模板进行存储，被套用模板作为电子文件的元数据保存。

③电子文件收集登记

每份电子文件均应在《电子文件登记表》中登记，电子文件登记表应与电子文件同时保存。电子文件登记表如果制成电子表格，应与电子文件一同保存。永久保存的电子表格应附有纸质等拷贝件并与相应的电子文件拷贝一起保存。

④备份

为保证电子文件安全归档，电子文件形成部门在归档前，应定期制作电子文件备份。

（2）鉴定检测

电子文件归档时，要对电子文件的真实性、完整性、有效性进行鉴定。确定密级，是否属于归档范围，划定保管期限。具体程序：

①电子文件形成部门按照规定项目对电子文件的真实性、完整性和有效性进行检验。

②填写归档电子文件移交、接收检验登记表。负责人签署审核意见。

③按照单位制订的归档范围，确定电子文件是否归档。

④检查归档范围内的电子文件是否包括背景信息和元数据。

⑤划分密级，确定使用权限。

⑥划分保管期限，并在电子文件机读目录上逐件标识。

电子文件归档时，要对归档电子文件的基础技术条件进行检测，检测内容包括硬件环境的有效性、软件环境的有效性、信息记录格式、病毒检查等。

（3）整理归档

电子文件归档前要进行系统整理。整理以件为单位，同一全宗内的电子文件按照"年度——保管期限——机构（问题）"，或"保管期限——年度——机构（问题）"进行分类，方法与文书档案相同。建议按"年度—保管期限—机构（问题）"分类，这是因为多数单位每年形成的电子文件有相当多的数量，同时考虑的是这种方法与传统档案分类方法的一致性。

完成分类的电子文件要进行相对集中，按类别代码集中保存到存储载体上。

电子文件归档可分两步进行，对实时进行的归档先进行逻辑归档，然后进行物理归档。具体步骤如下：

①将电子文件的管理权从网络上转移至档案部门，存储格式和位置暂时不变。

②把带有归档标识的电子文件集中拷贝到耐久性好的载体上，一式三套，一套封存保管，一套提供利用，一套异地保存。

③在电子文件载体中建立相应的机读目录。

④在存储载体上贴写标签，注明载体序号、全宗号、类别号、密级、保管期限、存入日期等。

⑤以"盘"为单位填写《归档电子文件登记表》，以"件"为单位填写归档电子文件登记表续页。

⑥对已归档的电子档案载体进行写保护，禁止写操作。

归档后，电子文件的形成部门应将存有归档前电子文件的载体保存一年以上。

（4）移交和接收

检验移交：对归档电子文件，应按有关规定进行认真检验。在检验合格后将其如期移交档案馆等档案保管部门，进行集中保管。在已联网的情况下，归档电子文件的移交和接收工作可在网络上进行，但仍需履行相应的手续。

文件形成单位在移交电子文件之前，档案保管部门在接收电子文件之前，均应对归档的每套载体及其技术环境进行检验，合格率达到100%时方可交接。检验项目如下：

①载体有无划痕，是否清洁；

②载体有无病毒；

③核实归档电子文件的真实性、完整性、有效性检验及审核手续；

④核实登记表、软件、说明资料等是否齐全；

⑤对特殊格式的电子文件，应核实其相关的软件、版本、操作手册等是否完整。

检验结果分别由移交单位、接收单位填入归档电子文件移交、接收检验登记表的相应栏目。

档案保管部门应按照要求及检验项目对归档电子文件逐一验收。对检验不合格者，应退回形成单位重新制作，并再次对其进行检验。档案保管部门验收合格，完成归档电子文件移交、接收检验登记表并签字、盖章。登记表一式两份，一份交电子文件形成单位，一份由档案保管部门自存。

2. 电子档案的保管与利用

（1）电子档案的保管

归档电子文件的保管除符合纸质档案的所有要求外，还应符合下列条件：

①归档载体应作防写处理，避免擦、划、触摸记录涂层；

②单片载体应装盒，竖立存放，且避免挤压；

③存放时应远离强磁场、强热源，并与有害气体隔离；

④环境温度选定范围为 17~20℃；相对湿度选定范围为 35%~45%。

归档电子文件的形成单位和档案保管部门每年均应对电子文件的读取、处理

设备的更新情况进行一次检查登记。设备环境更新应确认库存载体与新设备的兼容性；如不兼容，应进行归档电子文件的载体转换工作，原载体保留时间不少于 3 年。保留期满后对可将载体清除后重复使用，不可清除内容的载体应按保密要求进行处置。

对磁性载体每满 2 年、光盘每满 4 年进行一次抽样机读检验，抽样率不低于 10%，如发现问题应及时采取恢复措施。对磁性载体上的归档电子文件，应每 4 年转存 2 次。原载体同时保留时间不少于 4 年。档案保管部门应定期将检验结果填入归档电子文件管理登记表。

（2）档案的利用

电子档案的利用要注意以下几点：

①归档电子文件的封存载体不应外借。

②未经批准任何单位或个人不允许擅自复制电子文件。

③利用时应使用拷贝件。

④利用时应遵守保密规定。

⑤对具有保密要求的归档电子文件采用联网的方式利用时，应遵守国家或部门有关保密的规定，制定稳妥的安全保密措施。

⑥要严格界定电子档案的利用范围，利用者对归档电子文件的使用应在权限规定范围

之内。

3. 电子档案的鉴定销毁

到保管期限的电子档案要经过鉴定，确认没有保存价值，经合法程序审定后进行销毁，具体办法参照国家关于档案鉴定销毁的有关规定执行。

属于保密范围的电子文件，如存储在不可擦除载体上，应连同存储载体一起销毁，不属于保密范围的归档电子文件可进行逻辑删除。

4. 电子档案的登记统计

从电子文件形成开始，要不间断地对电子文件的有关处理操作进行登记与统计，这是一项十分困难的工作，但也是必须做好的一项工作。

 **参考文献**

[1] 谢玉娟, 宋欢, 刘翠红. 档案信息化建设与信息资源存储研究 [M]. 北京: 中国商务出版社, 2023.01.

[2] 王晓琴, 芦静, 任丽丽. 档案管理基础理论与实践研究 [M]. 长春: 吉林科学技术出版社, 2022.08.

[3] 毕然, 严梓侃, 谭小勤. 信息化时代企业档案管理创新性研究 [M]. 北京: 新华出版社, 2022.02.

[4] 马爱芝, 李容, 施林林. 信息时代档案管理工作理论及发展探究 [M]. 长春: 吉林大学出版社, 2022.05.

[5] 卢捷婷, 岑桃, 邓丽欢. 互联网时代下档案管理与应用开发研究 [M]. 北京: 北京工业大学出版社, 2022.01.

[6] 王瑞霞. 现代档案数字化管理研究 [M]. 长春: 吉林人民出版社, 2022.06.

[7] 杨晓玲, 张艳红, 刘萍. 档案信息化管理与建设研究 [M]. 长春: 吉林人民出版社, 2022.03.

[8] 林婷婷, 冯秀莲, 林苗苗. 档案信息资源与数字化管理开发研究 [M]. 哈尔滨: 哈尔滨工程大学出版社, 2022.09.

[9] 周杰, 李笃, 张淼. 文书工作与档案管理 [M]. 延吉: 延边大学出版社, 2021.08.

[10] 李蕙名, 王永莲, 莫求. 档案保护学与科技档案管理工作 [M]. 沈阳: 辽宁大学出版社, 2021.05.

[11] 杨玲花. 现代档案管理工作与保存策略研究 [M]. 北京: 中国纺织出版社, 2021.11.

[12] 浦海涛. 大数据时代高校图书馆档案管理的理论与实务 [M]. 西安: 西北工业大学出版社, 2021.12.

[13] 周彩霞, 曹慧莲. 档案管理信息化建设理论与实践探索 [M]. 北京: 北京工业大学出版社, 2021.09.

[14] 郭美芳，王泽蓓，孙川. 档案信息化建设与管理 ［M］. 长春：吉林人民出版社，2021. 06.

[15] 高莉. 图书馆管理与档案资源建设 ［M］. 长春：吉林人民出版社，2021. 06.

[16] 黄亚军，韩国峰，韩玉红. 现代档案信息化管理与建设研究 ［M］. 长春：吉林人民出版社，2021. 06.

[17] 徐世荣. 档案信息化建设与管理创新研究 ［M］. 长春：吉林文史出版社，2021. 10.

[18] 柳瞻晖，金洁峰，苏坚. 档案整理实务教程 ［M］. 上海：上海大学出版社，2021. 03.

[19] 郭心华. 档案资源建设与开放共享服务研究 ［M］. 长春：吉林人民出版社，2021. 10.

[20] 吴晓红. 档案工作综合实践教程第 2 版 ［M］. 北京：北京首都经济贸易大学出版社，2021. 08.

[21] 赵旭. 档案信息化建设的理论与实践研究 ［M］. 北京：科学技术文献出版社，2021. 04.

[22] 周璐. 声像档案管理实务 ［M］. 昆明：云南科技出版社，2020. 04.

[23] 张鹏，宁柠，姜淑霞. 图书馆信息化建设理论与档案管理实践 ［M］. 长春：吉林人民出版社，2020. 10.

[24] 张杰. 信息时代下档案管理工作创新研究 ［M］. 长春：吉林大学出版社，2020. 08.

[25] 吴彧一，王爽，刘红. 高校人事档案管理实务与创新 ［M］. 延吉：延边大学出版社，2020. 06.

[26] 谭萍. 基于大数据环境下创新型档案管理与服务研究 ［M］. 长春：吉林人民出版社，2020. 04.

[27] 张玉霄. 数字档案信息资源安全管理研究 ［M］. 长春：吉林大学出版社，2020. 08.

[28] 李雪婷. 人事档案信息化建设与创新管理研究 ［M］. 长春：吉林文史出版社，2020. 04.

[29] 蒋冠，冯湘君. 服务质量导向型数字档案资源建设模式研究 ［M］. 北京：知识产权出版社，2020. 08.

[30] 张瑞菊. 物业档案管理研究 ［M］. 成都：四川大学出版社，2019. 10.

[31] 宛钟娜，王欣，何大齐. 文书与档案管理 ［M］. 成都：电子科技大学出版社，2019. 03.